Manuela Mossell

Kennst du schon...Gott?

Gott wartet schon mit offenen Armen auf dich

Manuela Mossell

Kennst du schon…Gott?

Gott wartet schon mit offenen Armen auf dich

Impressum

Bibliografische Information der Deutschen Nationalbibliothek:
Die Deutsche Nationalbibliothek verzeichnet diese Publikation in der Deutschen Nationalbibliografie; detaillierte bibliografische Daten sind im Internet über http://dnb.dnb.de abrufbar.

© 2023 Manuela Mossell

Lektorat: Manuela Mossell
Korrektorat: Manuela Mossell
weitere Mitwirkende: Manuela Mossell

Herstellung und Verlag: BoD – Books on Demand, Norderstedt

ISBN: 9783756859726

Johannes 3,16

Denn Gott hat die Welt so sehr geliebt, dass er seinen einzigen Sohn hingab, damit jeder, der an ihn glaubt, gerettet wird und das ewige Leben hat.

Inhalt:

Vorwort	S. 9
Kapitel Eins	S. 12
Gott der Vater	
Kapitel Zwei	S. 19
Gott der Allmächtige	
Kapitel Drei	S. 25
Gott der Barmherzige	
Kapitel Vier	S. 36
Gott der Eine	
Kapitel Fünf	S. 40
Gott des Friedens	
Kapitel Sechs	S. 51
Gott der Gerechte	
Kapitel Sieben	S. 56
Gott der Heilige	
Kapitel Acht	S. 61
Gott der Herrlichkeit	
Kapitel Neun	S. 66
Gott der Lebendige	
Kapitel Zehn	S. 70
Gott der Liebende	
Kapitel Elf	S. 76
Gott der Schöpfer	
Quellenangaben	S. 84
Über die Autorin	S. 86

Vorwort

Bist du bereit, dich zu verlieben? Ich will dir jemanden ganz Besonderes vorstellen. Er hat viele Namen, er ist hilfsbereit, er ist großzügig, er ist immer für dich da, wenn du ihn brauchst.

Du kannst ihm alles in deinem Leben erzählen, er erzählt es nicht weiter. Du kannst dich immer auf ihn verlassen. Er lässt dich nie im Stich.

Er heilt dich, wenn du auf irgendeine Weise verletzt wurdest. Er steht dir bei, wenn du angegriffen wirst. Das und vieles mehr tut er für dich, weil er dich bedingungslos liebt.

Er hat eine kreative Ader und liebt die Vielfallt. Er ist zuverlässig, denn er hält seine Versprechen. Er wird dich niemals anlügen, er kann nur die Wahrheit sagen.

Er kennt dich in- und auswendig, da er dich und alles um dich herum erschaffen hat. Bist du schon gespannt, wen ich meine? Darf ich vorstellen? Gott, der Vater.

Die amerikanische Sängerin Joan Osborne hat das in ihrem Titel „One of us" aus den 1990er Jahren sehr treffend beschrieben. Ich erlaube mir, dir die deutsche Übersetzung mitzuteilen:

„Wenn Gott einen Namen hätte, wie würde er lauten? Und würdest du ihn Ihm ins Gesicht rufen? Wenn du Ihm in all seiner Herrlichkeit gegenüberstündest, was würdest du fragen, wenn du nur eine Frage hättest? Und ja, Gott ist großartig! Ja, Gott ist gut!

Was, wenn Gott einer von uns wäre? Nur ein Slob wie einer von uns. Nur ein Fremder im Bus. Versuchst du, nach Hause zu kommen?

Wenn Gott ein Gesicht hätte, wie würde es aussehen? Und würdest du sehen wollen, was Sehen bedeutet? Dass du an Dinge wie den Himmel glauben müsstest. Und an Jesus und den Heiligen und allen Propheten?

Was, wenn Gott einer von uns wäre? Nur ein Slob wie einer von uns. Nur ein Fremder im Bus. Versuchst du nach Hause zu kommen? Versuche nur, seinen Weg nach Hause zu finden!

Wie zurück in den Himmel ganz allein. Niemand ruft am Telefon an. Außer vielleicht für den Papst in Rom. Und ja, Gott ist großartig! Ja, Gott ist gut."

Wie du siehst, hat sich Joan Osborne echt Gedanken über Gott gemacht.

In den nächsten Kapiteln werde ich dir etwas mehr über Gott erzählen. Ich stütze mich dabei sowohl auf Bibelverse als auch auf meine persönlichen Erfahrungen mit Gottes Güte. Also, legen wir los!

Du kennst das vielleicht auch: Wenn du jemanden kennenlernst, ist eine der ersten Fragen: Wie ist dein Name? Wie heißt du?

Da ich dir jemanden ganz Besonderes vorstellen will, fange ich auch mit seinem Namen an. Darf ich vorstellen? Gott, der Allmächtige.

Gott hat noch viele andere Namen. Diese möchte ich dir nun erläutern und darüber hinaus werde ich dir Seine Namen auch noch anhand von Bibelversen näher erklären.

Zum besseren Verständnis werde ich zuerst die Eigenschaft von Gott beschreiben, und erst im Anschluss seinen Namen erwähnen.

Kapitel Eins
Gott der Vater

Dass Gott unser Vater ist, ist wahrscheinlich einer der wichtigsten Aspekte an Seinem Wesen. Denn auch wie ein leiblicher Vater hat Gott nur das Beste für seine Kinder im Sinn.

Andersherum gefragt, wenn dein Kind ein Problem hat, wirst du als Elternteil doch sicher auch alles dir mögliche unternehmen, um deinem Kind zu helfen, oder? Siehst du? Und bei Gott dem Vater ist es genauso!

So viel zu Seiner Eigenschaft als Vater. Nun komme ich auf Seinen Namen zu sprechen, damit du unseren Vater auch mit seinem Namen anreden kannst, wenn du das willst. Der Name für Vater lautet Abba.

Abba:
Abba heißt aus der aramäischen Muttersprache Jesu übersetzt „Vater". Das Beste, was der himmlische Vater den Menschen geschenkt hat, ist sein eigener Sohn Jesus Christus!

Der Vater meint es gut mit seinen Kindern. Unser Vater, der du bist im Himmel, geheiligt werde dein Name.

Nun folgen ein paar Bibelverse, in denen Jesus über unseren himmlischen Vater spricht.

Matthäus 5,16.45.48
So soll euer Licht vor den Menschen leuchten, damit sie eure guten Werke sehen und euren Vater im Himmel preisen. Liebt eure Feinde und betet für die, die euch verfolgen, damit ihr Söhne eures Vaters im Himmel werdet.
Denn er lässt seine Sonne über Bösen und Guten aufgehen, und er lässt es über Gerechte und Ungerechte regnen. Ihr sollt also vollkommen sein, wie es auch euer himmlischer Vater ist.

Wie du siehst, redet Jesus Christus nur in ehrfürchtigem Ton von unserem Vater. Das ist eine Erklärung dafür, wie gut unser himmlischer Vater ist.

Matthäus 6,1-32
Hütet euch davor, eure Gerechtigkeit vor den Menschen zur Schau zu stellen. Sonst habt ihr keinen Lohn von eurem Vater im Himmel zu erwarten.

Du aber salbe dein Haar, wenn du fastest, und wasche dein Gesicht, damit die Leute nicht merken, dass du fastest, damit nur dein Vater, der auch das Verborgene sieht, es dir vergelten wird.

Niemand kann zwei Herren gleichzeitig dienen. Ihr könnt nicht beiden dienen: Gott und dem Mammon. Seht euch die Vögel des Himmels an: Sie säen nicht, sie ernten und sammeln keine Vorräte in Scheunen.

Euer himmlischer Vater ernährt sie. Ihr seid doch viel mehr Wert als sie. Euer himmlischer Vater weiß, dass ihr das alles braucht.

Wie schon gesagt, unser himmlischer Vater will nur das Beste für seine Kinder.

Matthäus 7,11
Wenn ihr schon, die ihr böse seid, euren Kindern das gebt, was gut für sie ist, wie viel mehr wird euer Vater im Himmel denen Gutes geben, die ihn darum bitten.

Matthäus 10,19-20
Wenn man euch vor Gericht stellt, macht euch keine Sorgen, wie und was ihr reden sollt. Denn es wird euch in jener Stunde eingegeben, was ihr sagen sollt. Ihr werdet dann nicht mehr reden, sondern der Geist eures Vaters wird durch euch reden.

Wenn der Geist Gottes aus dir spricht, kannst du dir sicher sein, dass das genau das Richtige Wort zur richtigen Zeit sein wird. Die Gedanken, die unser himmlischer Vater über dich hat, sind um einiges höher und besser als deine eigenen Gedanken.

Matthäus 13,43
Dann werden die Gerechten im Reich ihres Vaters wie die Sonne leuchten. Wer Ohren hat, der soll hören!

Damit bezieht Jesus sich auf die Deutung des Gleichnisses vom Unkraut.
Matthäus 18,12-14
Wenn jemand hundert Schafe hat und eines von ihnen verirrt sich, dann lässt er doch die neunundneunzig auf der Weide zurück und sucht das verirrte Schaf!

Und wenn er es findet, freut er sich über dieses eine mehr, als über die neunundneunzig, die noch bei der Herde sind. So will auch euer himmlischer Vater nicht, dass einer von euch verloren geht.

Unser himmlischer Vater wird alles dafür tun, damit keines Seiner Kinder verlorengeht.

Matthäus 23,9
Auch sollt ihr niemanden auf Erden euren Vater nennen. Denn nur einer ist euer Vater, nämlich der im Himmel.

Markus 11,25
Und wenn ihr beten wollt und ihr habt einem anderen etwas vorzuwerfen, dann vergebt ihm zuerst, damit auch euer Vater im Himmel euch eure Verfehlungen vergibt.

Lukas 6,35-36
Ihr aber sollt eure Feinde lieben und sollt Gutes tun. Ihr sollt ausleihen, auch wenn ihr nichts dafür als Gegenleistung dafür erhoffen könnt.

Dann wird euer Lohn von Gott, eurem Vater, groß sein und ihr werdet Söhne des Höchsten sein.
Denn auch er ist gütig gegen die Undankbaren und Bösen. Seid barmherzig, wie es auch euer Vater im Himmel ist.

Denn nur, wer seinem himmlischen Vater vertraut und gehorcht, wird von Ihm belohnt werden.

Lukas 12, 30-32
Darum fragt nicht, was ihr essen und was ihr trinken sollt, und seid zuversichtlich! Denn um all das geht es den Ungläubigen in der Welt. Euer Vater weiß, dass ihr das alles braucht.

Euch jedoch muss es um sein Reich gehen. Dann wird euch das andere dazugegeben. Fürchte dich nicht, du kleine Herde! Denn euer Vater hat beschlossen, euch das Reich Gottes zu geben.

Johannes 8,40-42
Jetzt aber wollt ihr mich töten, einen Menschen, der euch die Wahrheit verkündet hat, die Wahrheit, die ich von Gott gehört habe. Ihr vollbringt die Werke eurer Vorfahren.

Sie entgegneten Ihm: Wir stammen nicht aus einem Ehebruch, sondern wir haben nur den einen Vater: Gott! Jesus sagte zu ihnen: Wenn Gott euer Vater wäre, würdet ihr mich lieben. Denn von Gott bin ich gekommen, denn Er hat mich geschickt.

Das waren für den Moment die Aussagen von Jesus Christus über unseren himmlischen Vater. Aber es geht noch weiter. Auch andere Menschen in der Bibel reden von Gott, dem Vater. Sieh selbst:

1 Korinther 8,5-6
Und selbst wenn es im Himmel oder auf der Erde sogenannte Götter gibt –

und solche Götter und Herren gibt es viele -, so haben wir doch nur einen Gott, den Vater.

Von Ihm stammt alles und wir leben auf Ihn hin. Und einer ist der Herr: Jesus Christus! Durch Ihn ist alles, und wir sind durch Ihn. Gnade sei mit euch und Friede von Gott, unserem Vater, und dem Herrn Jesus Christus.

2 Korinther 6,18
Dann will Ich euch aufnehmen und euer Vater sein und ihr sollt meine Söhne und Töchter sein.

Galater 1,3-5
Gnade sei mit euch und Friede von Gott, unserem Herrn Jesus Christus, der sich für unsere Sünden hingegeben hat, um uns aus der gegenwärtigen bösen Welt zu befreien, nach dem Willen unseres Gottes und Vaters. Ihm sei Ehre in alle Ewigkeit.

Epheser 4,2-6
Seid demütig, friedfertig und geduldig. Ertragt einander in Liebe und bemüht euch, die Einheit des Geistes zu wahren durch den Frieden, der euch zusammenhält.

Ein Leib und ein Geist, so wie euch durch eure Berufung auch eine gemeinsame Hoffnung gegeben ist.
Ein Herr, ein glaube, eine Taufe, ein Gott und Vater aller, der über allem und durch alles und in allem ist.

Philipper 1,2
Gnade sei mit euch und Friede von Gott, unserem Vater, und dem Herrn Jesus Christus.

Das ist die für die damalige Zeit die Übliche Briefanrede.

Philipper 4,19-20
Mein Gott aber wird euch durch Christus Jesus alles, was ihr nötig habt, aus dem Reichtum seiner Herrlichkeit schenken. Unserem Gott und Vater sei die Ehre in alle Ewigkeit.

1 Thessalonicher 3,11-13
Gott, unser Vater, und Jesus, unser Herr, mögen unsere Schritte zu euch lenken. Euch aber lasse der Herr wachsen und reich werden in der Liebe zueinander und zu allem, wie auch wir lieben.

Damit euer Herz gefestigt wird und ihr tadellos seid, geheiligt vor Gott, unserem Vater, wenn Jesus, unser Herr, mit allen seinen Heiligen wiederkommt.

Und auch schon in dem bekanntesten aller Gebete wird schon gesagt:

Vater unser im Himmel, geheiligt werde dein Name.
Dein Reich komme, dein Wille geschehe, wie im Himmel so auf Erden.
Unser tägliches Brot gib uns heute.
Und vergib uns unsere Schuld, wie auch wir vergeben unseren Schuldigern.
Und führe uns zum Guten und erlöse uns von dem Bösen.

Wie du siehst, Er ist unser aller Vater. Und genauso kannst du jederzeit zu deinem Vater kommen und Ihn um die Dinge bitten, die du brauchst.

Im folgenden Verlauf werde ich nicht jeden Bibelvers kommentieren, dabei handelt es sich dann um Verse, die selbsterklärend sind.

Kapitel Zwei
Gott der Allmächtige

Der Name für Gott den Allmächtigen lautet El Schaddai. Dieser Name bedeutet Gott der Höchste, Gott der allerhöchste oder der wahre Gott.

Der wunderbare Name El Schaddai (auch El Shaddai geschrieben) unterscheidet sich von allen anderen Gottesnamen in einer wesentlichen Eigenschaft.

„Schaddai" ist vom Wort „Schad" abgeleitet, was in der Bibel an 18 Stellen „Mutterbrust" meint. Auf Gott übertragen hat es den Sinn: „Er ist der eine, der dich umarmt". Wobei damit die Mutterliebe Gottes gemeint ist.

El (der starke, mächtige, gewaltige und höchste Gott) spiegelt mit „Schaddai" die überströmende Liebe wider, die dazu bereit ist – wie bei einer leiblichen Mutter – sich zum Wohlergehen des eigenen Kindes „aufzuopfern" und sich hinzugeben.

Genesis 14,19
Er segnete Abram und sagte: Gesegnet sei Abram vom Allerhöchsten Gott, dem Schöpfer des Himmels und der Erde.

Die Eigenschaften Gottes sind untrennbar miteinander verbunden, daher kann man sie nicht einzeln erwähnen.

Genesis 17,1-2
Als Abram neunundneunzig Jahre alt war, erschien ihm der Herr und sprach zu ihm: Ich bin Gott, der Allmächtige. Geh deinen Weg vor mir und sei rechtschaffen! Ich will einen Bund zwischen mir und dir stiften und dich sehr zahlreich machen.

Damit ist gemeint, dass Abram (der dann später in Abraham umbenannt wird) viele Nachkommen haben wird und eine große Nation gründet.

Genesis 18,14
Ist beim Herrn etwas unmöglich? Nein, denn Er ist der Allerhöchste, dem alles möglich ist. Nächstes Jahr um diese Zeit werde ich wieder zu dir kommen. Dann wird Sara einen Sohn haben.

Zu dieser Zeit war Abraham schon neunzig Jahre alt und war genau genommen nicht mehr zeugungsfähig. Seine Frau Sara war auch schon siebzig Jahre alt und hatte ihre Wechseljahre schon lange hinter sich. Rein menschlich gesehen, waren die beiden nicht mehr in der Lage, eigene Kinder zu bekommen.

Genesis 28,3
Gott der Allmächtige wird dich Segnen, Er wird dich fruchtbar machen und deine Nachkommen zahlreich machen. Zu einer großen Menge von Völkern wirst du werden.

Genesis 35,11
Und Gott sprach zu ihm: Ich bin Gott, der Allmächtige. Sei fruchtbar und vermehre dich! Ein Volk, eine große Menge von Völkern soll aus dir hervorgehen. Könige sollen deinen Lenden entstammen.

Wie gesagt, Abraham und Sara waren unfruchtbar und konnten keine Kinder mehr bekommen.

Genesis 49,25
Der Gott deines Vaters wird dir helfen. Gott, der Allmächtige, Er wird dich segnen mit Segen des Himmels von droben, mit Segen tief lagernder Urflut, mit Segen von Brust und Schoß.

Exodus 6,3
Ich bin Abraham, Isaak und Jakob als El Schaddai(Gott der Allmächtige)

erschienen, aber unter meinem Namen Jahwe habe ich mich ihnen nicht zu erkennen gegeben.

Numeri 24,16
Spruch Bileams, des blinden Sehers: Spruch dessen, der gottesworte hört, der die Gedanken des Allerhöchsten kennt, der eine Vision des Allmächtigen sieht.

Ijob 37,23
Den allmächtigen ergründen wir nicht, Er ist erhaben an Macht und Recht, Er ist reich an Gerechtigkeit; Recht beugt Er nicht.

Psalm 13,6
Ich aber baue auf deine Ehre, mein Herz soll über deine Hilfe frohlocken. Singen will ich dem Herrn, weil er mir Gutes getan hat.

Psalm 47,3
Denn Furcht gebietend ist der Herr, der Höchste, ein großer König über die ganze Erde.

Du wirst später noch mehr über die Macht des Lobpreises herausfinden.

Weisheit 11,21
Denn du bist immer imstande, deine große Macht zu entfalten. Wer könnte der Kraft deines Arms widerstehen?

Sirach 18,1-14
Der Herr, der in Ewigkeit lebt, hat alles insgesamt erschaffen, der Herr allein erweist sich als gerecht. Keiner vermag seine Werke zu verkünden. Wer ergründet seine großen Taten? Wer kann seine gewaltige Größe beschreiben und seine großen Taten aufzählen bis zum Ende?

Man kann nichts wegnehmen und nichts hinzutun, es ist unmöglich, die Wunder des Herrn zu ergründen. Ist der Mensch am Ende angelangt, steht er noch am Anfang, wenn er es aufgibt, ist er ratlos.

Was ist der Mensch und wozu nützt er? Was ist gut an ihm und was ist schlecht? Das Leben eines Menschen dauert höchstens hundert Jahre.
(Hier wird die runde Zahl hundert. In Ps 90,10 wird diese Angabe mit siebzig, höchstens achtzig Jahre angegeben.) *Wie ein Wassertropfen im Meer und wie ein Körnchen im Sand, so verhalten sich die wenigen Jahre zu der Zeit der Ewigkeit.*

Darum hat der Herr mit ihnen Geduld und er gießt sein Erbarmen über sie aus. Er sieht und weiß, dass ihr Ende schlimm ist. Darum hat er so viel Nachsicht mit ihnen.

Das Erbarmen des Menschen gilt nur seinem Nächsten, das Erbarmen des Herrn allen Menschen. Er weist zurecht, erzieht und belehrt und führt wie ein Hirte seine Herde zurück. Glücklich sind alle, die auf sein Erbarmen hoffen und seine Gebote annehmen.

Jesaja 40,22-26
Er ist es, der über dem Erdenrund thront. Wie Heuschrecken sind ihre Bewohner. Wie ein Schleier spannt er den Himmel aus, Er breitet ihn aus wie ein Zelt zum Wohnen. Er macht die Fürsten zunichte, Er nimmt den Richtern der Erde jeden Einfluss.

Kaum sind sie gesät und gepflanzt, kaum wurzelt ihr Stamm in der Erde, da bläst er sie an, sodass sie verdorren. Der Sturm trägt sie fort wie Spreu. Mit wem wollt ihr mich vergleichen? Wem sollte ich ähnlich sein? spricht der Heilige.

Hebt eure Augen in die Höhe und seht: Wer hat die Sterne dort oben erschaffen? Er ist es, der ihr Heer täglich zählt und heraufführt, der sie alle beim Namen ruft. Vor dem Allgewaltigen und Mächtigen wagt keiner zu fehlen.

Jesaja 44,24
So spricht der Herr, dein Erlöser, der dich im Mutterleib geformt hat: Ich bin der Herr, der alles bewirkt, der ganz allein den Himmel ausgespannt hat, der die Erde gegründet hat aus eigener Kraft.

Jeremia 32,27
Siehe, ich bin der Herr, der Gott aller Sterblichen. Ist mir denn irgendetwas unmöglich? Nein, denn mir ist alles möglich.
Jeremia 33,2-3
So spricht der Herr, der die Erde erschaffen, sie geformt und fest gegründet hat, Jahwe ist sein Name. Rufe zu mir, so will ich dir antworten und dir große, unfassbare Dinge mitteilen, die du nicht kennst.

Amos 9,5
Gott, der Herr der Heere, er berührt die Erde, sodass sie vergeht und all ihre Bewohner voll Trauer sind, sodass die ganze Erde sich hebt wie der Nil und sich senkt wie der Strom von Ägypten.

Joel 1,15
Wehe, was für ein Tag! Denn der Tag des Herrn ist nahe. Er kommt mit der Allgewalt des Allmächtigen.

Damit ist das kommende Jüngste Gericht gemeint.

Kapitel Drei
Gott der Barmherzige

Der Name für Gott den Barmherzigen lautet El Channun. Er bedeutet: Gnädiger Gott; Barmherziger Gott; gütiger Gott.

Man kann dazu auch Gott des Erbarmens; Gott der Hilfsbereitschaft; Gott der Mildtätigkeit; Gott der Aufopferungsbereitschaft; Gott des Wohlwollens; Gott des Mitgefühls; Gott der Nächstenliebe.

Der liebende Gott, wie Ihn die Bibel beschreibt, zeigt sich in SEINER Liebe immer wieder als gnädiger, barmherziger und gütiger Gott.

Als Gott aller Gnade hat Er sich nun durch SEINEN wunderbaren Sohn Jesus Christus allen Menschen offenbart. Damit alle, die an IHN glauben, gerettet sind.

In der jetzt noch andauernden Gnadenzeit kannst du zu Gott umkehren und aus Gnade von Gott empfangen.

Exodus 20,6
Bei denen, die mich lieben und auf meine Gebote achten, erweise ich Tausenden meine Ehre.

Exodus 33,19
Der Herr gab zur Antwort: Ich will meine ganze Schönheit vor dir vorüberziehen lassen und den Namen des Herrn vor dir ausrufen. Ich gewähre Gnade, wem ich will, und ich schenke Erbarmen, wem ich will.

Und wenn Gott jedem Erbarmen schenken kann, dann kann er auch dir Erbarmen schenken, du musst Ihn nur darum bitten. Wie du Ihn bittest, darauf komme ich später zu sprechen.

Exodus 34,6
Der Herr ging an ihm vorüber und rief: Jahwe ist ein barmherziger und gnädiger Gott, geduldig, reich an Ehre und Treue.

Deuteronomium 4,31
Denn der Herr, dein Gott, ist ein barmherziger Gott. Er lässt dich nicht fallen und gibt dich nicht dem Verderben preis und vergisst nicht den Bund mit deinen Vätern, den er ihnen beschworen hat.

2 Samuel 24,14
Ich habe große Angst. Wir wollen lieber dem Herrn in die Hände fallen, denn Seine Barmherzigkeit ist groß. Den Menschen aber möchte ich nicht in die Hände fallen.

Das sagte König David, nachdem er Ehebruch und sogar Mord begangen hatte. Du siehst, auch die großen Männer in der Bibel machen Fehler und brauchen Gottes Gnade.

Nehemia 9,17-21
Sie weigerten sich zu gehorchen und vergasen die Wunder, die du an ihnen getan hattest. Hartnäckig setzten sie sich in den Kopf, als Sklaven nach Ägypten zurückzukehren. Doch du bist ein Gott, der verzeiht, du bist gnädig und barmherzig, geduldig und reich an Ehre.

Darum hast du sie nicht verlassen. Sie machten sich sogar ein gegossenes Kalb und sagten: Das ist dein Gott, der dich aus Ägypten herausgeführt hat!
‚und sie verübten schwere Frevel. Du aber hast sie in deinem großen Erbarmen nicht in der Wüste verlassen.

Die Wolkensäule wich nicht von ihnen bei Tag, sondern führte sie auf ihrem Weg. Ebenso erhellte die Feuersäule bei Nacht den Weg, den sie gehen sollten.

Du gabst ihnen deinen guten Geist, um sie zur Einsicht zu bringen. Du entzogst ihnen dein Manna nicht und gabst ihnen Wasser für ihren Durst.

Vierzig Jahre lang hast Du in der Wüste für sie gesorgt. Sie litten keinen Mangel, ihre Kleider zerfielen nicht, ihre Füße schwollen nicht an.

Hierbei handelt es sich um die Israeliten, die von Moses aus der Gefangenschaft in Ägypten herausgeführt wurden. Sie waren undankbar und fingen sogar an, einen selbst gemachten Gott anzubeten. Und doch hat Gott sie weiter beschützt und versorgt.

Du siehst, so viele Fehler kannst du gar nicht machen, dass Gott dich aufgeben würde, weil Er so barmherzig mit allen seinen Kindern ist.

(Übrigens, die Israeliten waren vierzig Jahre in der Wüste unterwegs für eine Strecke, die nur elf Tage gedauert hätte, weil sie eben Fehler gemacht haben. Aber darauf gehe ich später noch genauer ein.)

Psalm 25,6
Denk an dein Erbarmen, Herr, und an die Taten deiner Ehre, denn sie bestehen seit Ewigkeit.

Du kannst Gott auch jederzeit an seine Zusagen erinnern. Stell dir zum Beispiel eine Situation vor, in der du eine schwierige Phase durchmachst. Und nun frage ich dich: War das die erste schwierige Situation oder hast du schon schlimmeres durchgemacht? Siehst du? Gott lässt dich nicht im Stich.

Psalm 51,3
Gott, sei mit gnädig nach deiner Ehre, tilge meine Vergehen nach deinem reichen Erbarmen!

Psalm 86,15
Du aber, Herr, bist ein barmherziger und gnädiger Gott, du bist geduldig, reich an Ehre und Treue.

Psalm 102,14
Du wirst dich erheben, dich über die Sünder erbarmen. Denn es ist Zeit, ihnen gnädig zu sein, die Stunde ist da.

Psalm 103,8
Der Herr ist hilfsbereit und nachsichtig, geduldig und reich an Güte.

Weisheit 11,21-26
Denn Du bist immer imstande, deine große Macht zu entfalten.

Wer könnte der Kraft deines Arms widerstehen? Die ganze Welt ist ja vor Dir wie ein Stäubchen auf der Waage, wie ein Tautropfen, der am Morgen zur Erde fällt.

Du bist zu allen hilfsbereit, weil Du alles kannst, und siehst über die Sünden der Menschen hinweg, damit sie wieder zu dir umkehren. Du liebst alles, was ist, und liebst alles, was Du gemacht hast.

Denn hättest Du etwas gehasst, so hättest Du es nicht geschaffen. Wie könnte etwas ohne Deinen Willen Bestand haben, oder wie könnte etwas erhalten bleiben, das nicht von Dir ins Dasein gerufen wäre?
Du schonst alles, weil es Dein Eigentum ist, Herr, du Freund des Lebens.

Weisheit 15,1
Du aber, unser Gott, bist gütig, wirklich und geduldig. Voll Geduld hältst Du das ganze Universum am Laufen.

Sirach 2,18
Denn wie Seine Größe, so ist Seine Hilfsbereitschaft, und Wie sein Name, so sind auch Seine Werke.

Sirach 17,29
Wie groß ist die Hilfsbereitschaft des Herrn und seine Nachsicht gegen alle, die zu Ihm umkehren.

Jesaja 14,1
Der Herr wird Jakob helfen und Ismael von neuem auswählen. Er wird ihnen in ihrer Heimat Ruhe gewähren. Fremde schließen sich an das Haus Jakobs an.

Jesaja 49,13
Jubelt, ihr Himmel, freue dich, o Erde, freut euch, ihr Berge! Denn der Herr hat sein Volk getröstet und den Armen geholfen.

Jesaja 54,8
Ich verbarg mein Gesicht vor dir in aufkochendem Zorn nur einen Augenblick. Aber mit ewiger Ehre helfe ich dir, spricht der Herr, dein Erlöser.

Gott wird manchmal durchaus zornig auf uns, aber dennoch liebt er uns alle so sehr, dass Sein Zorn nicht lange anhält.

Jeremia 33,25-26
So spricht der Herr: So sicher Ich meinen Bund mit dem Tag und der Nacht und die Ordnung von Himmel und Erde festgesetzt habe, so sicher werde Ich auch die Nachkommen Jakobs und meines Dieners David beschützen.

Aus seinen Nachkommen werde ich die Herrscher über die Nachkommen Abrahams, Isaaks und Jakobs auswählen. Denn Ich werde ihr Glück wenden und ihnen helfen.

Ezechiel 39,25
Darum – so spricht der Herr: Jetzt werde Ich das Glück Jakobs wenden, ich will Mitleid haben mit dem ganzen Haus Israel und will mit leidenschaftlichem Eifer für meinen heiligen Namen eintreten.

Daniel 9,9-18
Aber der Herr, unser Gott, schenkt Mitleid und Vergebung. Ja, wir haben gegen Ihn gesündigt. Wir haben die Stimme des Herrn ignoriert, gehört und Seine Befehle missachtet, die er uns durch Seine Diener, den Propheten, gegeben hat.

Ganz Israel hat dein Gesetz übertreten, ist davon abgewichen und hat deine Stimme ignoriert. Darum kam der Fluch und die Verwünschung über uns, die im Gesetz des Mose, des Dieners Gottes, geschrieben stehen.

Gott machte seine Drohung wahr, die Er gegen uns ausgesprochen hatte: Er werde so schweres Unheil über uns bringen, wie nie solche Dinge unter dem ganzen Himmel wie in Jerusalem gesehen werden.

Und doch haben wir Gott, unseren Herrn, nicht beruhigt, haben uns weiter dem Bösen zugewandt und Deine Wahrheit ignoriert. Der Herr war aber wach und ließ dieses Unheil über uns kommen. Denn unser Gott, der Herr, ist gerecht in allem, was Er tut.

Jetzt Herr, unser Gott, der Du dein Volk mit starker Hand aus Ägypten geführt und Dir damit einen Namen gemacht hast bis zum heutigen Tag!

Wir haben gesündigt und gefrevelt. Herr, wende jetzt Deinen grimmigen Zorn von uns ab.

Joel 2,13
Kehrt um zum Herrn, eurem Gott! Denn er ist gnädig und hilfsbereit, geduldig und reich an Güte und Er bereut es, dass Er das Unheil verhängt hat.

Jona 4,2-11
Er betete zum Herrn und sagte: Ach Herr, habe ich das nicht schon gesagt, als ich noch daheim war? Eben darum wollte ich ja nach Tarschisch fliehen. Denn ich wusste, dass Du ein gnädiger und barmherziger Gott bist, geduldig und reich an Ehre und dass Du deine Drohungen bereust.

Darum nimm mir jetzt lieber das Leben, Herr! Denn es ist für mich besser zu sterben als zu leben. Da erwiderte der Herr: Ist es recht von dir, zornig zu sein? Da verließ Jona die Stadt und setzte sich östlich vor der Stadt nieder.
Er machte sich dort einen Unterstand und setzte sich in den Schatten, um abzuwarten, was mit der Stadt geschah. Da ließ Gott, der Herr, einen Strauch über Jona nach oben wachsen, der seinem Kopf Schatten spenden und seinen Ärger vertreiben sollte. Jona freute sich sehr über den Strauch.

Als am nächsten Tag die Morgenröte anbrach, schickte Gott, der Herr, einen Wurm, der den Strauch annagte, sodass dieser verdorrte. Als die Sonne aufging, schickte Gott einen heißen Ostwind. Die Sonne stach Jona auf den Kopf, sodass er fast ohnmächtig wurde.

Wie du siehst, hat Gott eine ganz eigentümliche Art, jemanden zu etwas zu bewegen. Wenn Jona weiter im Schatten geblieben wäre, hätte er keinen Grund gehabt, dem Willen Gottes zu folgen. Manchmal holt Gott uns aus unserer Komfortzone heraus, damit wir weiter vorwärts Drängen.

Da wünschte er sich den Tod und sagte: Es ist besser für mich zu sterben als zu leben. Gott fragte Jona: Ist es recht von dir, wegen des Strauches zornig zu sein? Er antwortete: Ja, es ist recht, dass ich zornig bin und mir den Tod wünsche.

Wenn du manchmal zornig bist, hast du bestimmt einen guten Grund dazu. Allerdings hast du kein Recht dazu, zornig zu bleiben. Also schluck deinen Zorn hinunter und tue weiter Gutes.

Darauf sagte der Herr: Dir tut es um den Strauch leid, für den du nicht gearbeitet und den du nicht großgezogen hast. Über Nacht war er da, über Nacht ist er eingegangen.
Mir aber sollte es nicht Leid tun um die große Stadt Ninive, in der mehr als hundertzwanzigtausend Menschen leben, die nicht einmal rechts und links unterscheiden können?

Gott hatte Jona den Auftrag gegeben, nach Ninive zu gehen, um dort die gute Botschaft von Gottes Heil zu verbreiten. Weil er aber solche Angst vor Schwierigkeiten hatte, ist er auf direktem Wege genau in dir entgegengesetzte Richtung geflohen. Aber du hast selbst gesehen, wie Gott Jona wieder auf den richtigen Weg brachte.

Habakuk 3,2
Herr, ich sehe, was du früher getan hast. Lass es in diesen Jahren wieder geschehen, enthülle es in diesen Jahren! Auch wenn du zornig bist, denk an Dein Mitleid.

Matthäus 12,7
Wenn ihr begriffen hättet, was das heißt: Ich will Barmherzigkeit, keine Opfer, dann hättet ihr Unschuldige nicht verurteilt.

Matthäus 18,33
Hättest nicht auch du mit jenem, der gemeinsam mit dir in meinem Dienst steht, Mitleid haben müssen, so wie ich mit dir Mitgefühl hatte?

Hierbei geht es um einen Diener, der seine Schulden nicht bezahlen konnte und dem Barmherzigkeit entgegengebracht wurde, der aber einem anderen Diener, der ihm etwas schuldete, die Schuld nicht erlassen hatte. Der Diener war ein harter Mann.

Lukas 1,57-58.78
Für Elisabet kam die Zeit der Niederkunft und sie brachte einen Sohn zur Welt. Ihre Nachbarn und Verwandten hörten, welches große Mitgefühl der Herr ihr erwiesen hatte, und freuten sich mit ihr. Durch die barmherzige Liebe unseres Gottes wird uns das aufstrahlende Licht aus der Höhe besuchen.

Lukas 6,36
Seid barmherzig, so wie es auch euer himmlischer Vater ist!

Lukas 15,7
Ich sage euch: Ebenso wird im Himmel mehr Freude über einen einzigen Sünder, der umkehrt, herrschen, als über neunundneunzig Gerechte, die es nicht nötig haben, umzukehren.

Johannes 3,16
Denn Gott hat die Welt so sehr geliebt, dass Er seinen einzigen Sohn hingab, damit jeder, der an Ihn glaubt, gerettet ist und das ewige Leben hat.

Römer 2,4
Verachtest du etwa den Reichtum seiner Güte, Barmherzigkeit, Ehre, Mitgefühl, und Geduld? Weißt du nicht, dass Gottes Güte dich zur Umkehr treibt?

Römer 3,24
Dank Seiner Gnade werden sie gerecht, durch die Erlösung durch Christus Jesus.

Römer 10,3
Da sie die Gerechtigkeit Gottes missverstanden haben und ihre eigene Gerechtigkeit aufrichten wollten,
 haben sie sich der Gerechtigkeit Gottes widersetzt.

Römer 11,30-32
Denn endgültig sind Gnade und Berufung, die Gott gewährt. Und wie ihr einst Gott nicht gehorcht habt, jetzt aber Mitgefühl bekommen habt.

Römer 12,1
Angesichts der Barmherzigkeit Gottes erinnere ich euch daran, euch selbst als lebendiges und heiliges Opfer hinzugeben, welches Gott gefällt. Das ist für euch der wahre und angemessene Gottesdienst.

2.Korinther 4,1
Daher bleibt unser Eifer in dem Dienst, der uns durch Gottes Barmherzigkeit übertragen wurde.

Epheser 2,4-7
Gott, der voller Barmherzigkeit ist, hat uns, die wir wegen unserer Sünden tot waren, in seiner großen Liebe, mit der Er uns geliebt hat, zusammen mit Christus wieder lebendig gemacht. Aus Gnade seid ihr gerettet.

Er hat uns mit Christus Jesus auferweckt und uns zusammen mit Ihm einen Platz im Himmel gegeben. Dadurch, dass Er in Christus Jesus gütig an uns handelte, wollte Er in kommenden Zeiten den üppigen Reichtum Seiner Gnade zeigen.

Philipper 2,27
Er war tatsächlich so krank, dass er dem Tod nahe war. Aber Gott war barmherzig mit ihm und auch mit mir, damit ich den Kummer besiegen konnte.

Hebräer 8,12
Spruch des Herrn: Denn ich verzeihe ihnen ihre Schuld und ihre Sünden vergesse ich.

Und wenn Gott, der Herr, etwas vergisst, dann ist es für alle Zeiten vergessen. Du brauchst dich also nicht mehr schuldig fühlen, wenn dir deine Sünden vergeben worden sind.

Jakobus 5,11
Wer geduldig alles ertragen hat, den loben wir glücklich. Ihr habt von der Ausdauer des Ijob gehört und das Ende gesehen, das der Herr herbeigeführt hat. Denn der Herr ist voller Barmherzigkeit.

1.Petrus 2,9
Ihr aber seid ein ausgewähltes Geschlecht, eine königliche Priesterschaft, ein heiliger Stamm, ein Volk, das Sein besonderes Eigentum wurde, damit ihr die großen Taten dessen verkündet, der euch aus der Finsternis in Sein wunderbares Licht gerufen hat.

1.Johannes 4,7-16
Wir wollen einander lieben. Denn die Liebe ist aus Gott und jeder, der liebt, stammt von Gott und erkennt Gott. Denn Gott ist Liebe. Die Liebe Gottes wurde unter uns dadurch enthüllt, dass Gott seinen einzigen Sohn in die Welt geschickt hat, damit wir durch Ihn leben.

Wenn Gott uns so geliebt hat, müssen wir auch einander lieben. Wenn wir einander lieben, bleibt Gott in uns und Seine Liebe ist in uns vollendet. Daran erkennen wir, dass wir in Ihm bleiben und Er in uns bleibt: Er hat uns von Seinem Geist gegeben.

Wir haben gesehen und bezeugen, dass der Vater den Sohn als den Retter der Welt geschickt hat. Wer zugibt, dass Jesus der Sohn Gottes ist, in dem bleibt Gott und er bleibt in Gott. Wir haben die Liebe, die Gott zu uns hat, erkannt und gläubig angenommen.

Kapitel Vier
Gott der Eine
Der Name Gottes, des Einen, lautet Eloah. Das bedeutet: Einzig mächtiger Gott; Gott, der Eine und Starke; Anbetungswürdiger Gott.

Eloah ist die poetische Einzelform des Gottesnamens Elohim, dem einzig Allmächtigen und allein anbetungswürdigen Gott. Der Gottesname Eloah bedeutet „Mächtiger" oder „Starker" und spiegelt auch „Schauder" und „Furcht" wider.

Eloah ist nicht nur der Eine, an den wir uns in der Not wenden können, Er ist auch der Eine, der jederzeit unsere Anbetung in Ehrfurcht empfangen soll. Als das Werk Seiner Hände ist das Höchste unserer Bestimmung die Erhebung unseres Herzens und unserer Stimme zu Lobpreis und Anbetung zu Ihm hin.

Deuteronomium 6,4
Jahwe, unser Gott, ist der einzige.

Deuteronomium 32,39
Spruch Gottes: Jetzt seht: Ich bin es, und nur Ich, und kein anderer Gott kann es mit mir aufnehmen. Ich bin es, der über Leben oder Tod bestimmt. Nur Ich kann verwunden und nur Ich kann heilen.

Jesaja 44,6
So spricht der Herr, dein Erlöser, der Herr der Heere: Ich bin der Erste, ich bin der Letzte, außer mir gibt es keinen Gott.

Jesaja 45,5.14.21
Ich bin der Herr und sonst niemand. Außer mit gibt es keinen Gott. Die Ägypter mit ihren Erträgen, die Kuschiter mit ihrem Gewinn und die groß gewachsenen Sebaiter werden zu dir kommen und dir gehören. In Ketten werden sie hinter dir herziehen.

Die ganzen „Iter" sind alle deine Feinde. Das können die „Böser-Chef-iter" oder die „Rückenschmerzen-iter"oder sogar Die „Schlechter-Ehemann-iter" Sein. Die Liste lässt sich endlos fortsetzen. Ich glaube, du weißt, auf was ich hinauswill. Aber sieh selbst, was bei Gott alles möglich ist:

Sie werfen sich vor dir nieder und bekennen. Nur bei dir gibt es einen Gott und sonst gibt es keinen. Macht es bekannt, bringt es vor, beratet euch untereinander: Wer hat das alles seit langem verkündet und längst im Voraus angesagt? Es war der Herr! Es gibt keinen gerechten und rettenden Gott außer mir.

Markus 12,29
Das Erste ist: Der Herr, unser Gott, ist der einzige Herr.

Johannes 17,3
Das ist das ewige Leben: Dich, den einzigen wahren Gott und Jesus Christus, den Du geschickt hast, zu erkennen.

Römer 3,30
Gott ist „der Eine". Er wird wegen des Glaubens alle gerecht machen.

1.Korinther 8,4-6
Es gibt keine Götzen in der Welt und keinen Gott außer dem Einen. Und selbst wenn es im Himmel oder auf der Erde sogenannte Götter gibt – und solche Götter und Herren gibt es viele – so haben wir nur einen Gott, den Vater.

Von Ihm stammt alles und wir leben auf Ihn zu. Und einer ist der Herr: Jesus Christus. Durch Ihn ist alles, und wir sind durch Ihn.

Epheser 4,6
Da ist nur ein Gott und Vater aller, der über allem und durch alles und in allem ist.

1.Timotheus1,17
Dem König der Ewigkeit, dem ewigen, einzigen Gott sei Ehre und Herrlichkeit in alle Ewigkeit.

Judas 24-25
Dem einen Gott, der die Macht hat, euch vor jedem Fehltritt zu bewahren und euch ehrenhaft und voll Freude vor Seine Herrlichkeit treten lässt, Ihm, der uns durch Jesus Christus, unseren Herrn, rettet, gebührt die Herrlichkeit, Hoheit, Macht und Gewalt seit Anbeginn der Zeit, jetzt und für alle Zeiten.

Kapitel Fünf
Der Gott des Friedens

Der Gottesname des Friedens lautet Jahwe Schalom. Dieser bedeutet: Der Herr ist Friede: Der Herr schenkt Heil: Der Herr sendet Frieden.

Der Herr ist Friede (hebräisch „Schalom", griechisch „Eirene". Jahwe (griechisch Kyrios) ist der unvergleichbar gewaltige und zugleich meistgebrauchte hebräische Name Gottes. Er meint Gottes Frieden.

Frieden, innere Ruhe uns Wohlergehen an Leib, Seele und Geist. Gott als Vater der Herrlichkeit möchte in Seiner Liebe uns erlösungsbedürftige Menschen in gnadenvoller Barmherzigkeit mit sich versöhnen.

Er allein kann in uns friedvolle Beziehungsfähigkeit bewirken und durch das Heil Jesu Seinen göttlichen Frieden schenken.

Levitikus 26,6
Ich schaffe Frieden im Land. Ihr legt euch nieder und niemand schreckt euch auf. Ich lasse die Raubtiere aus dem Land verschwinden. Kein Schwert kommt über euer Land.

Richter 6,23
Der Herr erwiderte ihm: Friede sei mit dir! Sei mutig, du wirst am Leben bleiben.

2.Samuel 7,10
Ich will meinem Volk einen Platz zuweisen und es einpflanzen, damit es an seinem Ort sicher wohnen kann und sich nicht mehr ängstigen muss. Schlechte Menschen werden es nicht mehr wie früher unterdrücken.

1.Könige 5,4
Denn Er herrschte über das ganze Gebiet diesseits des Stromes und über alle Könige. Er hatte ringsum nach allen Seiten Frieden.

2.Chronik 14,6
Wir wollen diese Städte ausbauen und sie mit Mauern, Türmen und Riegeln versehen. Denn noch liegt das Land frei vor uns. Weil wir den Herrn, unseren Gott, eifrig gesucht haben, hat Er uns ringsum Frieden verschafft. So konnten sie bauen und hatten Erfolg.

Ijob 22,21
Werde Gottes Freund und halte Frieden! Nur dadurch kommt das Gute zu dir.

Psalm 34,15
Meide das Böse und tue Gutes. Suche den Frieden und jage ihm nach!

Damit ist gemeint, dass du dir nicht einfach wünschen sollst, Frieden zu haben. Dem Frieden nachzujagen, ist eine bewusste Entscheidung.
Du stehst auch nicht morgens vor deinem Kleiderschrank und wartest darauf, dass die deine Kleidung von selbst auf den Leib springt. Und diese Entscheidung musst du jeden Tag wieder treffen. Nur dann hast du dauerhaften Frieden.

Psalm 85,9-14
Ich will hören, was Gott sagt: Frieden verkündet der Herr Seinem Volk und Seinen Frommen, den Menschen mit redlichen Herzen. Sein Heil ist denen nahe, die Ihn fürchten.

Hier steht Furcht als Synonym für Ehrfurcht, sprich, dass du Respekt vor Gott hast.

Seine Herrlichkeit wohnt in unserem Land, Huld und Treue begegnen einander. Gerechtigkeit und Frieden küssen sich. Auch spendet der Herr dann Segen und unser Land gibt seinen Ertrag. Gerechtigkeit geht vor Ihm her und Heil folgt der Spur Seiner Schritte.

Kohelet 3, 1-8
Alles hat seine Stunde. Für jedes Geschehen unter dem Himmel gibt es eine bestimmte Zeit: ... eine Zeit zum Lieben und eine Zeit zum Hassen, eine Zeit für den Krieg und eine Zeit für den Frieden.

Jesaja 2,4
Er spricht Recht im Streit der Völker, Er weist viele Nationen zurecht. Dann schmieden sie Pflugscharen aus ihren Schwertern und Winzermesser aus ihren Lanzen. Man zieht nicht mehr das Schwert, Volk gegen Volk, und bewahrt den Frieden.

Jesaja 9,6
Seine Herrschaft ist groß und der Friede dauert ewig. Auf dem Thron Davids herrscht Er über Sein Reich. Er festigt und stützt es durch Recht und Gerechtigkeit, jetzt und für alle Zeiten. Der leidenschaftliche Eifer des Herrn der Heere wird das vollbringen.

Jesaja 11,2-9
Der Geist des Herrn lässt sich auf ihm nieder. Der Geist der Weisheit und der Einsicht, der Geist des Rates und der Stärke, der Geist der Erkenntnis und der Gottesfurcht. Er richtet nicht nach dem äußerlich Sichtbaren und Er entscheidet nicht nur nach dem Hörensagen, sondern Er richtet die Hilflosen gerecht und Er entscheidet für die Armen des Landes, so wie es recht ist.

Er schlägt den Gewalttätigen mit dem Stock Seines Wortes und tötet den Schuldigen mit dem Hauch Seines Mundes. Gerechtigkeit ist der Gürtel um Seine Hüften. Treue ist der Gürtel um seinen Leib.

Man tut nur noch Gutes und hält sich an das Gesetz. Denn das Land ist erfüllt von der Erkenntnis des Herrn, so wie das Meer mit Wasser gefüllt ist.

Jesaja 26,4.7.9.10.12
Verlasst euch stets auf den Herrn, denn der Herr ist ein ewiger Fels. Der Weg des Gerechten ist gerade, Du ebnest dem gerechten die Bahn. Meine Seele sehnt sich nach Dir in der Nacht, auch mein Geist ist voller Sehnsucht nach Dir.

Denn Dein Gericht ist ein Licht für die Welt, die Bewohner der Erde lernen Deine Gerechtigkeit kennen. Aber der Frevler lernt nie, was gerecht ist, auch wenn Du ihm Gnade erweist.

Selbst im Land der Gerechtigkeit tut er noch Unrecht, doch er wird den erhabenen Glanz des Herrn nicht erblicken. Herr, Du wirst uns Frieden schenken. Denn alles, was wir bisher erreicht haben, hast Du für uns getan.

Jesaja 27,5
... es sei denn, man sucht bei mir Schutz und schließt mit mir Frieden.

Jesaja 54,10
Auch wenn die Berge von ihrem Platz weichen und die Hügel zu wanken beginnen – meine Huld wird nie von dir weichen und der Bund meines Friedens wird nicht wanken, spricht der Herr, der Erbarmen mit dir hat.

Ezechiel 34,25-30
Ich schließe mit ihnen einen Friedensbund: Ich rotte die wilden Tiere im Land aus. Dann kann man in der Steppe sicher wohnen und in den Wäldern ruhig schlafen. Ich werde sie und die Umgebung meines Berges segnen.

Mit den wilden Tieren sind auch die bösen Menschen gemeint. Gott sagt damit im Grunde damit aus, dass du sicher bei Ihm bist.

Ich schicke Regen zur rechten Zeit und der Regen wird Segen bringen. Die Bäume des Feldes werden ihre Früchte tragen und das Land wird seinen Ertrag geben. Sie werden auf ihrem Grund und Boden sicher sein.

Wenn Ich die Stangen ihrer Last zerbreche und sie der Gewalt derer entreiße, von denen sie versklavt wurden, werden sie erkennen, dass ich der Herr bin. Sie werden nicht mehr länger eine Beute der Völker sein, von den wilden Tieren werden sie verschont.

Sie werden in Sicherheit wohnen und niemand wird sie erschrecken. Ich pflanze ihnen einen Garten des Glückes. Sie werden in ihrem Land nicht mehr vom Hunger dahingerafft werden und die Schmähungen der Völker müssen sie nicht mehr ertragen. Sie werden erkennen, dass Ich der Herr, ihr Gott, mit ihnen bin und dass sie, die Gläubigen, mein Volk sind.

Sacharja 9,10
Er verkündete für die Völker den Frieden. Seine Herrschaft reicht von Meer zu Meer und bis an die Enden der Erde.

Und auch über das Thema Frieden hat Jesus einiges zu sagen:

Matthäus 5,9
Selig sind die, die Frieden stiften, denn sie werden Söhne Gottes genannt werden.

Matthäus 10,12
Wenn ihr in ein Haus kommt, dann wünscht ihm Frieden.

Markus 9,50
Das Salz ist etwas Gutes. Wenn das Salz die Kraft zum Salzen verliert, womit wollt ihr ihm seine Würze wiedergeben? Habt Salz in euch und haltet Frieden untereinander!

Du weißt bestimmt selbst, wie geschmacklos ungesalzenes Essen ist. Deshalb kannst du auch geschmackvoll sein, indem du dem Frieden nachjagst.

Lukas 19,38-42
Gesegnet sei der König, der im Namen des Herrn kommt. Im Himmel sei Friede und Herrlichkeit in der Höhe! Wenn auch du an diesem Tag erkannt hättest, was dir der Frieden bringt. Jetzt bleibt es vor deinen Augen verborgen.

Johannes 14,27
Frieden hinterlasse ich euch, meinen Frieden gebe ich euch. Nicht einen Frieden, wie die Welt in gibt, gebe ich euch. Euer Herz beruhige sich und verzage nicht.

Johannes 16,33
Dies habe ich zu euch gesagt, damit ihr in mir Frieden habt. In der Welt seid ihr in Bedrängnis, aber habt Mut, denn Ich habe die Welt besiegt!

Wie du siehst, hast du den Frieden bereits in dir. Du musst ihn nur noch im Glauben annehmen. Das will ich dir anhand eines Beispiels näher erklären:

Stell dir vor, du zahlst 100 Euro auf dein Konto ein. Wenn du dann wieder Geld brauchst, kannst du ganz einfach wieder darauf zugreifen. Du weißt ja mit Sicherheit, dass du Geld zur Verfügung hast.

Und genauso verhält es sich mit dem Frieden Gottes. Er ist da, du musst ihn nur noch abholen.

Lukas 2,14
Verherrlicht ist Gott in der Höhe und auf Erden ist Friede bei den Menschen seiner Gnade.

Apostelgeschichte 9,31
Die ganze Gemeinde hat nun Frieden.
Sie wurde gefestigt und lebte in der Ehrfurcht vor dem Herrn. Und sie wuchs durch die Hilfe des Heiligen Geistes.

Apostelgeschichte 10,36
Er hat das Wort den Menschen geschickt, indem Er den Frieden durch Jesus Christus verkündete. Dieser ist der Herr aller.

Römer 2,10
Herrlichkeit, Ehre und Friede fallen jedem zu, der das gute tut, zuerst den Gläubigen, aber ebenfalls den Ungläubigen.

Römer 5,8
Gott hat seine Liebe zu uns dadurch erwiesen, dass Christus für uns gestorben ist, als wir noch Sünder waren.

Römer 14,17-19
... denn das Reich Gottes ist nicht Essen und Trinken, es ist Gerechtigkeit, Friede und Freude im Heiligen Geist. Wer Christus so dient, wird von Gott anerkannt und ist bei den Menschen geachtet. Lasst uns also nach dem streben, was zum Frieden und zum Aufbau der Gemeinschaft beiträgt.

Römer 15, 13.33
Der Gott der Hoffnung aber erfüllt euch mit aller Freude und mit allem Frieden im Glauben, damit ihr reich werdet an Hoffnung in der Kraft des Heiligen Geistes. Der Gott des Friedens sei mit euch allen!

Römer 16,20
Der Gott des Friedens wird den Satan bald zertreten und euch zu Füßen legen. Die Gnade Jesu, unseres Herrn, sei mit euch!

1.Korinther 7,15
Wenn aber der Ungläubige sich trennen will, soll er es tun. Der Bruder oder die Schwester ist in solchen Fällen nicht wie ein Sklave gebunden. Zu einem Leben in Frieden hat Gott euch berufen.

2.Korinther 13,11
Im übrigen, freut euch, kehrt zur Ordnung zurück, lasst euch ermahnen, seid eines Sinnes und lebt in Frieden! Dann wird der Gott der Liebe und des Friedens mit euch sein.

Du fragst dich jetzt bestimmt, wie man in Frieden leben soll, oder? Eigentlich ist das ganz einfach: Du musst nicht bei jeder Diskussion das letzte Wort haben.

Glaub mir, es ist viel besser, Frieden zu haben als Recht zu haben. Wenn du immer Recht haben willst, wirst du deinen Frieden verlieren. Du kennst ja denn Spruch: „Der Klügere gibt nach!"
Bitte tu mir den Gefallen, und sei der Klügere.

Galater 3,21-22
Hebt also das Gesetz die Verheißung auf? Keineswegs! Wäre ein Gesetz gegeben worden, das die Kraft hat, lebendig zu machen, dann käme in der Tat die Gerechtigkeit aus dem Gesetz. Stattdessen hat die Schrift alles der Sünde unterworfen, damit durch den Glauben an Jesus Christus die Verheißung sich an denen erfüllt, die glauben.

Galater 6,16
Friede und Erbarmen komme über alle, die sich von diesem Grundsatz leiten lassen.

Epheser 2,14-17
Denn Er ist unser Friede. Er vereinigt die beiden Teile (Gläubige und Ungläubige) und riss durch sein Sterben die trennende Wand der Feindschaft nieder. Er hob das Gesetz samt seinen Geboten und Forderungen auf, um die zwei in einer Person zu dem neuen Menschen zu machen.

Er stiftete Frieden und versöhnte die beiden durch das Kreuz mit Gott in einem einzigen Leib. Er hat in seiner Person die Feindschaft getötet. Er kam und verkündete den Frieden: euch, den Fremden und uns, den Heimischen.

Epheser 4,2-3
Seid demütig, friedfertig und geduldig, ertragt einander in Liebe und bemüht euch, die Einheit des Geistes zu wahren durch den Frieden, der euch zusammenhält.

Epheser 6,23-24
Friede sei mit euch, Liebe und Glaube von Gott, dem Vater, und Jesus Christus, dem Herrn. Gnade und unvergängliches Leben sei mit allen, die Jesus Christus, unseren Herrn lieben!

Philipper 4,7-9 *Und der Friede Gottes, der alles Verstehen übersteigt, wird eure Herzen und eure Gedanken in der Gemeinschaft mit Christus Jesus bewahren. Was immer wahrhaft, edel, recht, was anständig, liebenswert, ansprechend ist, was Tugend heißt und lobenswert ist, darauf seid bedacht!*

Was ihr gelernt und angenommen habt, was ihr gehört und an mir gesehen habt, das tut! Und der Gott des Friedens wird mit euch sein.

Kolosser 1,19-20
Denn Gott wollte mit seiner ganzen Fülle in Ihm wohnen, um durch Ihn alles zu versöhnen. Alles im Himmel und auf Erden wollte Er zu Christus führen, der durch sein Blut am Kreuz Frieden gestiftet hat.

Kolosser 3,15
In euren Herzen herrsche der Frieden Christi.

Dazu seid ihr als Mitglieder des einen Leibes berufen. Seid dafür dankbar!

1.Thessalonicher 5,12-13.23-24
Erkennt die unter euch an, die sich solche Mühe geben, euch im Namen des Herrn zu leiten und zum Rechten anzuhalten. Achtet sie hoch und liebt sie wegen ihres Wirkens! Haltet Frieden untereinander!

Der Gott des Friedens heilige euch ganz und gar und bewahre euren Geist, eure Seele und euren Leib unversehrt, damit ihr ohne Tadel seid, wenn Jesus Christus, unser Herr, wiederkommt. Gott, der euch berufen hat, ist treu, Er wird es tun.

2.Thessalonicher 3,16
Der Herr des Friedens schenke euch den Frieden zu jeder Zeit und auf jede Weise. Der Herr sei mit euch allen.

2.Timotheus 2,22
Halte dich von den Begierden deiner Jugend fern. Strebe unermüdlich nach Gerechtigkeit, Glauben, Liebe und Frieden, zusammen mit all denen, die den Herrn mit reinem Herzen anrufen.

Hebräer 12,11-14
Jede Züchtigung scheint für den Augenblick keine Freude zu bringen, sondern Schmerz. Später aber schenkt sie denen, die durch diese Schule gegangen sind, den Frieden und die Gerechtigkeit als Ergebnis.

Darum macht die müden Hände wieder stark und die wankenden Knie wieder fest und ebnet die Wege für eure Füße, damit die lahmen Glieder wieder geheilt werden. Strebt voll Eifer nach Frieden mit allen und nach der Heiligung, ohne die keiner den Herrn sehen wird.

Hebräer 13,20-21
Der Gott des Friedens, der Jesus, unseren Herrn, den erhabenen Hirten seiner Schafe, von den Toten durch das Blut eines ewigen Bundes auferweckt hat, Er macht euch tüchtig in allem Guten, damit ihr Seinen Willen tut. Er bewirkt in uns, was Ihm gefällt, durch Christus Jesus, dem die Ehre in alle Ewigkeit sei.

Jakobus 3,17-18
Doch die Weisheit von oben ist heilig, friedlich, freundlich, gehorsam, voll Erbarmen und reich an guten Taten, sie ist neutral, sie heuchelt nicht. Wo Frieden herrscht, wird von Gott für die Menschen, die Frieden stiften, die Saat der Gerechtigkeit ausgestreut.

1.Petrus 3,11
Er meide das Böse und tue das Gute. Er suche Frieden und jage ihm nach.

1.Petrus 5,14
Grüßt einander mit dem Kuss der Liebe! Friede sei mit euch allen, die ihr in der Gemeinschaft mit Christus seid.

2.Petrus 3,14
Weil ihr das erwartet, bemüht euch darum, von Ihm ohne Makel und Fehler und in Frieden angetroffen zu werden.

Kapitel Sechs
Gott, der Gerechte

Der Name des gerechten Gottes lautet Jahwe Zidqenu und bedeutet: Herr unsere Gerechtigkeit; Der Herr ist Stärke; Herr meine Gerechtigkeit.

Der Herr, unsere Gerechtigkeit, bezieht sich auf den verheißenen Messias, den Christus. Jahwe schafft durch Ihn Recht.

Er ist für Sein Volk und Sein ganzes Reich die einzige Quelle der Gerechtigkeit. Jesus Christus ist als Gottes Sohn der gerechte Spross aus der Wurzel Davids, der Löwe aus dem Stamm Juda, der Retter der Welt.

Durch den Tod von Jesus Christus am Kreuz, und das Vergießen Seines Blutes, hat Gott uns mit sich selbst versöhnt und vor Sich Gerecht gemacht.

Jesus ist für uns gestorben, damit wir eine echte Beziehung zu Gott haben können, und nicht, dass wir einer trockenen Religion angehören.

Deuteronomium 10,18
Er verschafft Waisen und Witwen ihr Recht. Er liebt die Fremden und gibt ihnen Nahrung und Kleidung.

Deuteronomium 32,4
Vollkommen ist alles, was Er tut, denn alle Seine Wege sind rechtens. Er ist ein entschlossener, treuer Gott, Er ist gerecht und geradlinig.

Tobit 3,2
Herr, du bist gerecht, alle deine Wege und Taten zeigen
deine Hilfsbereitschaft und Wahrheit. Wahr und gerecht ist dein Gericht in Ewigkeit.

Ijob 34,12
Gott ist immer gerecht und Er beachtet immer das Recht.

Psalm 11,7
Denn der Herr ist gerecht, Er liebt gerechte Taten. Wer rechtschaffen ist, der wird Gott erkennen.

Psalm 103,6
Der Herr vollbringt Taten der Rettung. Er verschafft allen Bedrängten ihr Recht.

Psalm 119,137-144
Herr, du bist gerecht und deine Entscheidungen sind richtig. Du hast deine Vorschriften in Gerechtigkeit und großer Treue aufgestellt. Der Eifer für dich erfüllt mich ganz, denn meine Gegner vergessen deine Worte.

Deine Worte sind rein und anständig, dein Knecht liebt sie. Deine Gerechtigkeit bleibt ewig gerecht, deine Anweisungen sind Wahrheit.

Psalm 140,13
Ich weiß, dass sich der Herr für die Armen einsetzt, und dass er den Unterdrückten zum Recht verhilft.

Psalm 146,7
Er verschafft den Unterdrückten Recht, er gibt den Hungernden zu essen. Der Herr befreit die Gefangenen.

Sprüche 29,26
*Viele suchen die Sympathie des Herrschers, aber das
Recht kommt für alle vom Herrn.*

Weisheit 12,15
Gerecht, wie Du bist, verwaltest Du das gesamte Universum gerecht und hältst es für nicht vertretbar mit deiner Macht, den zu verurteilen, der frei von Schuld ist.

Jesaja 30,18
Darum wartet der Herr darauf, euch Seine Gnade zu zeigen. Darum erhebt Er sich, um euch Sein Erbarmen zu schenken. Denn der Herr ist ein Gott des Rechtes. Wohl denen, die auf Ihn warten.

Jesaja 51,8
Ertragt die Beschimpfungen der Menschen, erduldet ihren Spott! Denn ihr fresst sie, wie die Motte das Kleid, ihr fresst sie, wie die Schabe die Wolle. Denn meine Gerechtigkeit bleibt für immer bestehen. Und auf Ewig bleibt meine hilfreiche Nachsicht.

Daniel 3,27
Denn Du bist gerecht in allem, was Du getan hast. Alle Deine Taten sind richtig, Deine Wege sind gerade. Alle deine Urteile sind wahr.

Matthäus 10,41
Wer einen Propheten aufnimmt, weil es ein Prophet ist, wird den Lohn eines Propheten erhalten. Wer einen Gerechten aufnimmt, weil es ein Gerechter ist, wird den Lohn eines Gerechten erhalten.

In Gottes Reich bekommt jeder das, was er zuerst weggegeben hat.

Johannes 5,30
Von mir selbst aus kann ich nichts tun. Wie ich es vom Vater höre, und sein Gericht ist gerecht, weil es mir um den Willen dessen geht, der mich geschickt hat.

Wie du siehst, unterwirft sich auch Jesus Christus dem Willen des Vaters.

Johannes 17,25
Gerechter Vater, die Welt hat dich ignoriert, aber ich habe Dich erkannt und sie haben erkannt, dass Du mich geschickt hast.

Römer 1,17
Denn im Evangelium wird die Gerechtigkeit Gottes enthüllt, wenn ihr an den Glauben glaubt. So wie es in der Schrift heißt: Der aus glauben Gerechte wird leben.

Römer 3,21-25
Die Gerechtigkeit Gottes ist jetzt frei vom Gesetz, enthüllt worden, vom Gesetz und den Propheten bestätigt. Gott hat Jesus Christus dazu bestimmt, mit Seinem Blut für unsere Sünden zu büßen. So erweist Gott

Seine Gerechtigkeit durch die Vergebung der Sünden, die früher begangen wurden.

Römer 10,3
Da sie die Gerechtigkeit Gottes übergangen haben, und ihre eigene Gerechtigkeit aufrichten wollten, haben sie sich der Gerechtigkeit Gottes widersetzt.

2.Korinther 5,21
Er hat den, der unschuldig war, für uns geopfert, damit wir durch Jesus vor Gott gerecht werden.

2.Petrus 1,1
An alle, die durch die Gerechtigkeit unseres Gottes und Retters Jesus Christus den gleichen kostbaren Glauben erlangt haben wie wir.

Kapitel Sieben
Gott der Heilige

Der Name des Heiligen Gottes lautet Jahwe Mekaddesh und bedeutet: Der Herr der heiligt; Der Herr meiner Heilung; Der Herr der euch heiligt.

Im Namen Jahwe Mekaddesh (hebräisch „meqadischkem") ist das hebräische Wort „Kadosh" enthalten, was „heilig" bedeutet.

Jesus Christus ist der Heilige Gottes.

Der Vater schenkt jedem, der Ihn, den Sohn Gottes, als Herrn und Erlöser annimmt, Seinen Heiligen Geist.

Damit wir als Seine Kinder in Ehrfurcht, Abhängigkeit und neuer Freiheit – unter der Führung Seines guten Geistes – ein heiliges Leben in dieser Welt führen können und Ihm immer ähnlicher werden.

Im Herzen so mit Ihm jederzeit verbunden, lebt der Gläubige in stetiger innerer Anbetung und wachsender Erkenntnis Gottes, in heiligender inniger Gemeinschaft mit Ihm in Heiligkeit.

Man kann den Begriff „Heilig" auch noch mit geheiligt, geweiht, sakral, weihevoll, unantastbar, unberührbar, sakrosankt, göttlich, gotterwählt, gottgeweiht oder gnadenreich übersetzen.

Exodus 15,11
Wer ist wie Du unter den Göttern, o Herr? Wer ist wie du gewaltig und heilig, gepriesen als furchtbar, Wunder vollbringend?

Levitikus 11,44
Denn ich bin der Herr, euer Gott. Erweist euch als heilig (geweiht) und seid heilig (unantastbar), weil ich heilig bin.

Wie du siehst, hat der Begriff „heilig" mehrere Bedeutungen. Er heißt nicht, dass du alles in deinem Leben richtig machen kannst oder wirst. Du bist geweiht von Gott, der dich damit für sich selbst erkauft hat, was bedeutet, du gehörst Ihm. Aber keine Angst, das ist nicht so schlimm, wie es sich im ersten Moment anhört. Später gehe ich darauf noch genauer ein.

Levitikus 19,2
Seid gnadenreich, denn Ich, der Herr, euer Gott, bin heilig.

Josua 24,19
Ihr seid außerstande, dem Herrn zu dienen, denn er ist ein heiliger und eifersüchtiger Gott: Er wird euch eure Frevel und eure Sünden anrechnen.

1.Samuel 2,2
Niemand ist heilig, nur der Herr, denn außer Dir gibt es keinen Gott, keiner ist ein Fels wie unser Gott.

Psalm 89,35-38
Meinen Bund werde ich nichtentweihen, was Ich gesagt habe, will ich nicht ändern. Eines habe ich geschworen, so wahr Ich heilig bin, und niemals werde Ich David belügen: Sein Geschlecht soll auf ewig bleiben, sein Thron habe Bestand vor mir wie die Sonne. Er soll ewig bestehen wie der Mond, der verlässliche Zeuge über den Wolken.

Psalm 99,2
Groß ist der Herr, über alle Völker erhaben.

Jesaja 5,16
Doch der Herr der Heere ist ehrwürdig, wenn er Gericht hält.

Jesaja 6,3
Heilig, heilig, heilig ist der Herr der Heerscharen. Von seiner Herrlichkeit ist die ganze Erde erfüllt.

Jesaja 40,25
Mit wem wollt ihr Mich vergleichen? Wem sollte Ich ähnlich sein? Spricht der Heilige.

Ezechiel 38,23
So werde Ich Mich als groß und heilig erweisen und

Mich vor den Augen vieler Völker zu erkennen geben. Dann werden sie erkennen, dass Ich der Herr bin.

Matthäus 5,48
Ihr sollt vollkommen sein, wie es auch euer himmlischer Vater ist.

Lukas 1,49-54
Denn der Mächtige hat Großes an mir getan und sein Name ist heilig. Er ist von Geschlecht zu Geschlecht hilfsbereit, für alle, die Ihn fürchten. Er vollbringt mit Seinem Arm mächtige Taten:
Er zerstreut diejenigen, die im Herzen hochmütig sind. Er stürzt die Mächtigen von ihrem Thron und erhöht die Niedrigen. Die Hungernden beschenkt Er mit Seinen Gaben und lässt die Reichen leer ausgehen.

Er nimmt Sich Seinen Knechten an und denkt an Sein Mitgefühl, das er unseren Vätern auf ewig zugesagt hat.

Johannes 17,11
Ich bin von dieser Welt gegangen, aber die Gläubigen sind in der Welt, und Ich gehe zu dir, Heiliger Vater. Bewahre sie in deinem Namen, den Du Mir gegeben hast, damit sie eins sind wie wir.

1.Thessalonicher 4,3
Das ist es, was Gott will: eure Heiligung. Das bedeutet, dass ihr die Unzucht meidet.

Hebräer 12,10
Menschen haben uns für kurze Zeit nach ihrem Gutdünken in Zucht genommen. Aber Gott tut es zu unserem Besten, damit wir an Seiner Heiligkeit teilhaben.

Jakobus 1,13
Keiner, der in Versuchung gerät, soll sagen: Ich werde von Gott in Versuchung geführt. Denn Gott ist nicht in der Lage, Böses zu tun, und Er führt auch selbst niemanden in Versuchung.

1.Petrus 1,15
Wie Gott, der euch berufen hat, heilig ist, so soll auch euer ganzes Leben heilig werden.

1.Johannes 3,1-3
Seht, wie groß die Liebe ist, die der Vater uns geschenkt hat: Wir heißen Kinder Gottes und wir sind es. Die Welt erkennt uns nicht, weil sie Ihn nicht erkannt hat. Jetzt sind wir Kinder Gottes. Aber was wir sein werden, ist noch nicht enthüllt worden.

Wir wissen, dass wir Ihm ähnlich sein werden, wenn er enthüllt wird. Denn wir werden Ihn sehen, wie er Ist. Jeder, der dieses von Ihm erhofft, heiligt sich so, wie Er heilig ist.

Offenbarung 3,7-8
So spricht der Heilige, der Wahrhaftige: der den Schlüssel Davids hat, welcher öffnet, sodass niemand mehr schließen kann, welcher schließt, sodass niemand mehr öffnen kann:

Ich kenne deine Werke, und ich habe vor die eine Tür geöffnet, die niemand mehr schließen kann. Du hast nur geringe Kraft, und dennoch hast du an Meinem Wort festgehalten und Meinen Namen laut ausgerufen.

Offenbarung 4,8
Heilig, heilig, heilig ist der Herr, der Gott, der Herrscher über die ganze Schöpfung. Er war und Er ist und Er kommt.

Offenbarung 6,10
Wie lange zögerst du noch, Herr, du Heiliger und Wahrhaftiger Gott, Gericht zu halten und unser Blut an den Bewohnern der Erde zu rächen?

Offenbarung 15,4
Wer wird Dich nicht fürchten, Herr, wer wird Deinen Namen nicht preisen? Denn Du allein bist heilig: Alle Völker kommen und beten Dich an. Denn Deine gerechten Taten sind enthüllt worden.

Offenbarung 16,5
Gerecht bist Du, der Du bist und der Du warst, du Heiliger. Denn damit hast Du ein gerechtes Urteil gefällt.

Kapitel Acht
Gott der Herrlichkeit

Der Name für Gott der Herrlichkeit lautet Kabod, was so viel wie Gott der Bedeutung; Gott der Ehre oder Gott der Herrlichkeit bedeutet.

Kabod ist das üblicherweise verwendete Wort für „Herrlichkeit". Es wird häufig auf Gott angewendet, so wie in „Gott der Herrlichkeit", ebenso auf den Herrn als „König der Herrlichkeit".

Es ist mehrfach von der Herrlichkeit des Herrn die Rede, die auf dem Berg Sinai erschien und die Stiftshütte erfüllte und den zukünftigen Tempel erfüllen wird.

Im Neuen Testament lautet das entsprechende griechische Wort „Ansehen, Ehre, Vortrefflichkeit des Verstandes und des Körpers und so weiter. Es wird auf erschaffene Dinge wie den Menschen als die „Herrlichkeit Gottes" verwendet.

Die moralische Herrlichkeit des Herrn Jesus Christus leuchtet auf Seinem ganzen Weg auf der Erde hervor. Herrlichkeit gehört zu Gott: Er ist der „Gott der Herrlichkeit".

In Ihm strahlen alle göttlichen Attribute in unendlicher Vollkommenheit hervor. Du kannst auch die Worte: Pracht, Glanz, Schönheit, Köstlichkeit und Erlesenheit an Stelle von Herrlichkeit einsetzen.

Exodus 16,10
Da erschien plötzlich in der Wolke die ganze Pracht des Herrn.

Exodus 24,16
Die Herrlichkeit des Herrn ließ sich herab und die Wolke bedeckte alles sechs Tage lang.

Exodus 40,34
Dann verhüllte die Wolke das Offenbarungszelt und die Schönheit des Herrn erfüllte die Wohnstätte.

Numeri 14,10.21-23
Doch die ganze Gemeinde drohte Mose und Aaron zu steinigen. Da erschien die Herrlichkeit des Herrn am Offenbarungszelt allen Israeliten. Doch so wahr Ich lebe und die Herrlichkeit des Herrn das ganze Land erfüllt.

Alle Männer, die meine Herrlichkeit und meine Zeichen gesehen haben, die Ich vollbracht habe und die Mich jetzt schon zum zehnten Mal auf die Probe gestellt und doch nicht auf Mich gehört haben, sie alle werden das Land nicht zu sehen bekommen, das Ich ihren Vätern mit einem Eid zugesichert habe.

1.Samuel 15,29
Er, der ewige Ruhm, kann weder lügen noch bereuen. Er ist kein Mensch, sodass Er etwas bereuen müsste.

1.Chronik 16,24-25
Erzählt den Völkern von Seiner Herrlichkeit, bei allen Nationen von Seinen wundern! Denn der Herr ist groß und hoch zu preisen, mehr zu fürchten als alle anderen Götter.

2.Chronik 5,13
Denn Er ist gütig, denn Seine Huld (Ehre) dauert ewig.

Psalm 19,2
Die Himmel rühmen die Herrlichkeit Gottes, das Firmament erzählt vom Werk Seiner Hände.

Psalm 24,8-9
Wer ist der König der Herrlichkeit? Der Herr, denn Er ist stark und gewaltig und Er ist mächtig im Kampf. Ihr Tore, hebt euch nach oben, hebt euch, ihr uralten Pforten. Denn der König der Herrlichkeit kommt.

Psalm 106,20
Sie tauschten die Herrlichkeit Gottes gegen das Bild eines Stieres, der Gras frisst, ein.

Johannes 11,4.40
Diese Krankheit wird nicht zum Tod führen, sondern dient der Verherrlichung Gottes. Durch sie soll der Sohn Gottes verherrlicht werden. Habe ich dir nicht gesagt: Wenn du glaubst, wirst du die Herrlichkeit Gottes sehen?

Apostelgeschichte 7,2.55
Der Gott der Herrlichkeit erschien unserem Vater Abraham, ehe er sich niederließ. Er war aber erfüllt vom Heiligen Geist. Er blickte zum Himmel empor und sah die Herrlichkeit Gottes und Jesus zur Rechten Gottes stehen.

Römer 3,23
Alle haben gesündigt und die Herrlichkeit Gottes verloren.

Römer 5,2
Durch Ihn haben wir auch den Zugang zu der Gnade erhalten, in der wir stehen. Wir rühmen uns unserer Hoffnung auf die Herrlichkeit Gottes.

Römer 15,7
Darum nehmt einander an, wie auch Christus uns angenommen hat, zur Ehre Gottes.

1.Korinther 10,31
Ob ihr also esst oder trinkt oder etwas anderes tut: Tut alles zur Verherrlichung Gottes!

2.Korinther 4,1-6
Daher bleibt unser Eifer in dem Dienst, der uns durch Gottes Erbarmen übertragen wurde, bestehen. Wir haben uns von aller beschämender Bösartigkeit losgesagt. Wir handeln ehrlich und lehren offen die Wahrheit über Gottes Wort.

So empfehlen wir uns vor dem Angesicht Gottes jedem menschlichen Gewissen. Wenn das Wort Gottes dennoch verhüllt ist, ist es nur denen verhüllt, die verloren gehen. Denn der Gott dieser Weltzeit hat das Denken der Ungläubigen verblendet.

So bleibt ihnen der Glanz der Botschaft von der Herrlichkeit Christi, Gottes Ebenbild verborgen. Wir verkünden Jesus Christus als den Herrn, uns selbst aber als eure Diener um Jesu Willen.

Denn Gott, der sprach: Aus Finsternis soll Licht aufleuchten! Er ist in unseren Herzen aufgeleuchtet, damit wir den göttlichen Glanz auf dem Antlitz Christi erkennen.

Hebräer 1,3-4
Er ist der Abglanz Seiner Herrlichkeit und das Abbild Seines Wesens. Er trägt das All durch Sein machtvolles Wort. Er hat die Reinigung von den Sünden bewirkt und sich dann zur Rechten der Majestät in der Höhe gesetzt. Er ist um so viel erhabener geworden als die Engel, wie der Name, den Er geerbt hat, ihren Namen überragt.

Offenbarung 18,8
Denn stark ist der Herr, der Gott, der sie gerichtet hat.

Offenbarung 21,11.23
... erfüllt von der Herrlichkeit Gottes, sie glänzt wie ein kostbarer Edelstein. Denn die Herrlichkeit Gottes erleuchtet sie und ihre Leuchte ist das Lamm.

Kapitel 9
Gott der Lebendige

Der Name des Lebendigen Gottes lautet El Chai, was so viel wie Gott des Lebens; Der Lebendige Gott oder Gott der Lebendige bedeutet.

El Chai ist als Gott des Lebens ein großer Trost für den Hilfesuchenden und Heilsverlangenden.

Dieser tröstende Gottesname kommt auch als Elohim Chai und Elohim Chaim vor und beschreibt, wie Gott keine Vergänglichkeit hat, sondern die Quelle des Lebens ist. Gott ist der Ursprung allen Lebens.

Wer von der lebensspendenden Auferstehungs-Kraft Jesu durchdrungen ist, kann aus Gnade an Gottes Liebe und dem Leben in Fülle und dem ewigen Leben teilhaben.

Deuteronomium 5,26
Denn welches Wesen aus Fleisch und Blut wäre am Leben geblieben, wenn es so wie wir die donnernde Stimme des lebendigen Gottes gehört hätte, als Er mitten aus dem Feuer redete?

Josua 3,10
Daran sollt ihr erkennen, dass ein lebendiger Gott mitten unter euch ist: Er wird eure Feinde vor euren Augen vertreiben.

Jeremia 10,10
Der Herr aber ist in Wahrheit Gott, lebendiger Gott und ewiger König.

Daniel 6,21
Daniel, du Diener des lebendigen Gottes! Hat die Gott, dem du so treu dienst, dich vor den Löwen erretten können?

Matthäus 26,63
Jesus aber schwieg. Darauf sagte der Hohepriester zu ihm: Ich beschwöre dich bei dem lebendigen Gott, sag uns: Bist du der Messias, der Sohn Gottes? Jesus antwortete: Du hast es gesagt.

Johannes 5,26
Denn wie der Vater das Leben in sich hat, so hat Er auch dem Sohn das Leben gegeben.

Apostelgeschichte 14,15
Männer, was tut ihr? Auch wir sind nur Menschen, von der gleichen Art wie ihr. Wir bringen euch Gottes Wort, damit ihr euch von diesen wertlosen Götzenabwendet, um zu dem lebendigen Gott umzukehren. Der Gott, der den Himmel, die Erde und das Meer geschaffen hat und alles, was dazugehört.

Römer 9,25-26
So spricht der Herr: Ich werde die berufen, die mich verleugnen. Ich werde die lieben, die nicht geliebt werden. Und dort, wo ihnen gesagt wurde: Ihr seid nicht Mein Volk, dort werden sie Söhne des lebendigen Gottes genannt werden.

1.Thessalonicher 1,9
Denn man erzählt sich überall, welche Aufnahme wir bei euch gefunden haben und wie ihr euch von den Götzen zu Gott bekehrt habt, um dem lebendigen und wahren Gott zu dienen

1.Timotheus 3,15
Falls ich aber länger wegbleibe, sollt ihr wissen, wie man sich im Hause Gottes verhalten muss. Das heißt in der Kirche des lebendigen Gottes, die die Säule und das Fundament der Wahrheit ist.

Hebräer 3,12
Gebt acht, dass keiner von euch ein böses, ungläubiges Herz hat, dass keiner vom lebendigen Gott abfällt

Hebräer 9,13-14
Denn wenn schon das Blut und die Asche von Opfertieren so geheiligt wird, dass sie leiblich reich werden, wie viel mehr wird das Blut Christi, der sich selbst durch den Willen Gottes als makelloses Opfer dargebracht hat, unser Gewissen von toten Werken reinigen, damit wir dem lebendigen Gott dienen.

Hebräer 10,30-31
Wir kennen doch den, der gesagt hat: Mein ist die Rache, ich werde vergelten, und ebenso: Der Herr wird sein Volk richten. Es ist furchtbar, in die Hände des lebendigen Gottes zu fallen.

Hebräer 12,22
Ihr seid vielmehr zum Berg Zion hingetreten, zur Stadt des lebendigen Gottes, dem himmlischen Jerusalem. Zu Tausenden von Engeln und zu einer festlichen Versammlung.

Offenbarung 7,2-3
Daan sah ich von Osten her einen anderen Engel emporsteigen. Er hatte das Siegel des lebendigen Gottes und rief den vier Erzengeln mit lauter Stimme zu:

Fügt dem Land und dem Meer keinen Schaden zu, bis wir den Knechten unseres Gottes das Siegel auf die Stirn gedrückt haben.

Kapitel Zehn
Gott der Liebende

Seltsamerweise gibt es für Gott den Liebenden keinen speziellen Eigennamen, wo doch Gott selbst Liebe ist. Er kann nicht anders, als zu lieben.

Exodus 20,6
Bei denen, die Mich lieben und auf Meine Gebote achten, erweise Ich tausenden meine Huld.

Numeri 14,18
Ich bin Jahwe, langmütig und reich an Huld, der Schuld und Frevel wegnimmt, der aber den Sünder nicht ungestraft lässt.

Deuteronomium 7,7
Nicht weil ihr zahlreicher als die anderen Völker wäret, hat euch der Herr ins Herz geschlossen und auserwählt. Ihr seid das Kleinste unter allen Völkern.

Bei Gott sind die kleinen mehr wert, als die Großen. Dadurch kann Gott Seine Kraft demonstrieren, indem Er die Niedrigen erhöht.

Deuteronomium 10,15
Doch nur deine Väter hat der Herr ins Herz geschlossen, nur sie hat Er geliebt. Und euch, ihre Nachkommen, hat Er später unter allen Völkern ausgewählt, wie es sich heute zeigt.

Nehemia 1,5
Ach, Herr, Gott des Himmels, du großer und ehrfurcht-gebietender Gott! Du hältst Deinen Bund und bewahrst Deine Gnade denen, die Dich lieben und Deine Gebote halten.

Psalm 25,6.10
Denk an Dein Erbarmen, Herr, und an die Taten Deiner Huld, denn sie bestehen in Ewigkeit. Alle Pfade des Herrn sind Huld und Treue denen, die Seinen Bund und Seine Gebote bewahren.

Sprichwörter 8,17
Ich liebe alle, die Mich lieben, und wer Mich sucht, der wird Mich finden.

Weisheit 11,24
Du liebst alles, was ist, und verabscheust nichts von allem, was du gemacht hast. Denn hättest du etwas gehasst, so hättest Du es nicht geschaffen.

Jesaja 54,8.10
Ich verbarg nur einen Augenblick Mein Gesicht vor dir in aufkommendem Zorn. Aber mit ewiger Liebe habe Ich Erbarmen mit dir, spricht dein Erlöser, der Herr. Auch wenn die Berge von ihrem Platz weichen und die Hügel zu wanken beginnen – Meine Liebe wird NIE von dir weichen und der Bund Meines Friedens nicht wanken, spricht der Herr, der Erbarmen mit dir hat.

Jesaja 63,7.9
Die Liebe des Herrn will ich preisen, die ruhmreichen Taten des Herrn, alles, was der Herr für uns tat, Seine große Güte, die Er dem Haus Israel in Seiner Barmherzigkeit und Seiner großen Liebe erwiesen hat. Es war kein Bote oder Engel, sondern Sein Angesicht hat sie gerettet.
In Seiner Liebe und Seinem Mitgefühl hat Er selbst sie erlöst.

Jeremia 31,3
Aus der Ferne ist ihm der Herr erschienen: Mit ewiger Liebe habe Ich dich geliebt, darum habe Ich dir so lange die Treue bewahrt.

Hosea 11,4
Mit menschlichen Fesseln zog Ich sie an Mich, mit den Ketten der Liebe. Ich war für sie da wie die Eltern, die den Säugling an ihre Wange heben. Ich neigte Mich ihm zu und gab ihm zu essen.

Johannes 3,16
Denn Gott hat die Welt so sehr geliebt, dass Er Seinen einzigen Sohn hingab, damit jeder, der an Ihn glaubt, nicht zugrunde geht, sondern das ewige Leben hat.

Johannes 14,21.23
Wer Meine Gebote hat und sie hält, der ist es, der Mich liebt. Wer Mich aber liebt, wird von Meinem Vater geliebt werden und auch Ich werde ihn lieben und Mich ihm zeigen.

Wenn jemand Mich liebt, wird er an Meinem Wort festhalten. Mein Vater wird ihn lieben und wir werden zu Ihm kommen und bei Ihm wohnen.

Johannes 15,9-10
Wie Mich der Vater geliebt hat, so habe auch Ich euch geliebt. Bleibt in Meiner Liebe. Wenn ihr Meine Gebote haltet, werdet ihr in Meiner Liebe bleiben, so wie Ich die Gebote Meines Vaters gehalten habe und so in Seiner Liebe bleibe.

Johannes 17,23.26
Denn sie sollen eins sein, wie wir eins sind, ich in ihnen und Du in mir. So sollen sie vollendet sein in der Einheit, damit die Welt erkennt, dass Du mich gesandt hast und die Meinen ebenso geliebt hast wie mich.

Ich habe ihnen Deinen Namen bekannt gemacht und werde Ihn bekannt machen, damit die Liebe, mit der Du mich geliebt hast, in ihnen ist und damit ich in ihnen bin.

Römer 5,8
Gott aber hat Seine Liebe zu uns darin erwiesen, dass Christus für uns gestorben ist, als wir noch Sünder waren.

Römer 8,37
Doch all das überwinden wir durch den, der uns geliebt hat.

2.Korinther 9,7
Jeder gebe, wie er es sich in seinem Herzen vorgenommen hat, nicht verdrossen und nicht unter Zwang. Denn Gott liebt einen fröhlichen Geber.

2.Korinther 13,11
Im Übrigen, liebe Brüder, freut euch, kehrt zur Ordnung zurück, lasst euch ermahnen, seid eines Sinnes und lebt in Frieden! Dann wird der Gott der Liebe und des Friedens mit euch sein.

Epheser 2,4
Gott aber, der voll Erbarmen ist, hat uns, die wir infolge unserer Sünden tot waren, in Seiner großen Liebe, mir der Er uns geliebt hat, zusammen mit Christus wieder
lebendig gemacht. Aus Gnade seid ihr gerettet.

Kolosser 1,13
Er hat uns der Macht der Finsternis entrissen und aufgenommen in das Reich Seines geliebten Sohnes.

Kolosser 3,12
Ihr seid von Gott geliebt, seid Seine auserwählten Heiligen. Darum bekleidet euch mit aufrichtigem Erbarmen, mit Güte, Demut, Milde und Geduld!

Wenn hier von „bekleiden" die Rede ist, dann deutet das auf eine bewusste Entscheidung hin. Du stehst ja auch nicht vor deinem Kleiderschrank und denkst dir, mal schauen, welch Kleidung mir heute auf den Leib springt. Ganz im Gegenteil, du siehst dir deine Kleidung an und entscheidest dich ganz bewusst für ein bestimmtes Outfit.

Und du musst dich jeden Tag aufs Neue dafür entscheiden, dich in die oben genannten Geistesgaben zu kleiden.

1.Thessalonicher 1,4
Wir wissen, von Gott geliebte Brüder, dass ihr erwählt seid.

2.Thessalonicher 2,13.16-17
Wir müssen Gott zu jeder Zeit euretwegen danken, vom Herrn geliebte Brüder, weil Gott euch von Anfang an dazu auserwählt hat, aufgrund der Heiligung durch den Geist und aufgrund eures Glaubens an die Wahrheit, gerettet zu werden.

Jesus Christus aber, unser Herr, und Gott, unser Vater, der uns Seine Liebe zugewandt und uns in Seiner Gnade ewigen Trost und sichere Hoffnung geschenkt hat, tröste euch und gebe euch Kraft zu jedem guten Werk und Wort.

Hebräer 1,9
Du liebst das Recht und hasst das Unrecht, darum hat dein Gott dich gesalbt mit dem Öl der Freude wie keinen deiner Gefährten.

Hebräer 12,6
Denn wen der Herr liebt, den züchtigt Er. Er schlägt mit der Rute jeden Sohn, den Er gern hat.

1.Johannes 3,1
Seht, wie groß die Liebe ist, die der Vater uns geschenkt hat: Wir heißen Kinder Gottes und wir sind es. Die Welt erkennt uns nicht, weil sie Ihn nicht erkannt hat.

1.Johannes 4,7-12.16.19
Wir wollen einander lieben. Denn die Liebe ist aus Gott und jeder, der liebt, stammt von Gott und erkennt Gott. Wer nicht liebt, hat Gott nicht erkannt, denn Gott ist Liebe. Die Liebe Gottes wurde unter uns dadurch offenbart, dass Gott Seinen einzigen Sohn in die Welt gesandt hat, damit wir durch Ihn leben.

Die Liebe besteht nicht darin, dass wir Gott geliebt haben, sondern dass Er uns geliebt und Seinen Sohn als Sühne für unsere Sünden gesandt hat. Wenn Gott uns so geliebt hat, müssen auch wir einander lieben. Niemand hat Gott je erkannt.

Wenn wir einander lieben, bleibt Gott in uns und Seine
Liebe ist in uns vollendet. Gott ist die Liebe, und wer in der Liebe bleibt, bleibt in Gott und Gott bleibt in ihm. Wir wollen Ihn lieben, weil Er uns zuerst geliebt hat.

Judas 2
Erbarmen, Frieden und Liebe seien mit euch in Fülle.

Kapitel Elf
Gott der Schöpfer

Der Gottesname für den Schöpfer lautet Elohim. Das bedeutet so viel wie: Der Schöpfer; Der Höchste oder Der Einzige.

Elohim ist der Höchste, der Einzige, der Allmächtige, der Schöpfer des Universums und Quelle allen Lebens, die größte Kraft, der in sich seiende, der Liebende und Lebendige Gott, dem alle Macht gehört.

Der Name Elohim (griechisch Theos) enthüllt eine ganze Fülle Gottes, die nur stückweise erkannt werden kann. Er ist ein Mengenplural, die Bezeichnung unbegrenzter Größe, welche die unendliche Fülle der Macht und Kraft, die in Gott liegt, ausdrückt.

Elohim ist – abgesehen von Jahwe – der meistgebrauchte Name für Gott. Elohim ist die plurale Bezeichnung Gottes (Mehrzahl von El und Eloah) in seiner Eigenschaft als Schöpfer dieser Welt.

Dieser gewaltige Gottesname steht in der Heiligen Schrift oft in Verbindung mit dem Eigennamen Jahwe als alleinigen Gott aller Menschen.

In der Schöpfungsgeschichte wird erzählt, dass Gott alles im Universum und das Universum selbst in sechs Tagen erschaffen hat. Das allein ist schon unvorstellbar, aber du darfst die Anzahl der Tage nicht so wörtlich nehmen. Das ist symbolisch gemeint.

Genesis 1,1-31
Am Anfang schuf Gott Himmel und Erde. Die Erde aber war öde und leer und es herrschte das Chaos. Finsternis lag über der Ur-flut und Gottes Geist schwebte über dem Wasser.

Im Gegensatz zu Schöpfungsvorstellungen der Israeliten, nach denen die Elemente des Kosmos Gottheiten sind und durch göttliche Zeugungen entstanden sind, lehrt hier die priesterliche Tradition Israels, dass alle Dinge, Pflanzen, Tiere und der Mensch durch Gottes Wort entstanden sind.

Gott sprach: Es werde Licht. Und es wurde Licht. Gott sah, dass das Licht gut war. Gott trennte das Licht von der Dunkelheit. Gott nannte das Licht Tag und die Dunkelheit nannte Er Nacht. Es wurde Abend und es wurde Morgen: Das war der erste Tag.

Dann sprach Gott: ein Gewölbe soll mitten im Wasser entstehen und Ozean von Ozean trennen. Also machte Gott das Gewölbe und trennte das Wasser unterhalb des Gewölbes vom Wasser oberhalb des Gewölbes. Und Gott nannte das Gewölbe Himmel. Es wurde Abend und es wurde Morgen: Das war der zweite Tag.

Dann sprach Gott: Das Wasser unterhalb des Himmels soll sich an einem Ort sammeln, damit das Trockene sichtbar werde. Das Trockene nannte Gott Land und das angesammelte Wasser nannte Er Meer. Gott sah, dass es gut war.

Dann sprach Gott: Das Land soll junges Grün wachsen lassen, alle Arten von Pflanzen, die Samen tragen,
und alle Arten von Bäumen, die auf der Erde Früchte hervorbringen, mit ihren Samen darin. Gott sah, dass es gut war. Es wurde Abend und es wurde Morgen: Das war der dritte Tag.

Dann sprach Gott: Am Himmel sollen Lichter sein, um Tag und Nacht zu unterscheiden. Sie sollen Zeichen sein und zur Bestimmung von Festzeiten, von Tagen und Jahren dienen. Sie sollen Lichter am Himmelsgewölbe sein, die über die Erde hin leuchten.

Gott machte die beiden großen Lichter. Das größere, das über den Tag herrscht, nannte Er Sonne. Das kleinere, das über die Nacht herrscht, nannte Er Mond. Gott machte auch die Sterne. Es wurde Abend und es wurde Morgen: Das war der vierte Tag.

Dann sprach Gott: Das Wasser wimmle von lebendigen Wesen und Vögel sollen über dem Land am Himmelsgewölbe dahinfliegen. Gott schuf alle Arten von großen Seetieren und anderen Lebewesen, von denen das Wasser wimmelte. Und alle Arten von gefiederten Vögeln.

Gott sah, dass es gut war. Gott segnete sie und sprach: Seid fruchtbar und vermehrt euch und bevölkert das Wasser im Meer und die Vögel sollen sich auf dem Land vermehren. Es wurde Abend und es wurde Morgen: dies war der fünfte Tag.

Dann sprach Gott: Das Land bringe alle Arten von lebendigen Wesen hervor, von Vieh, von Kriechtieren und von Tieren des Feldes. Gott sah, dass es gut war.

Dann sprach Gott: Ich will Menschen als unser Abbild machen, die uns ähnlich sind. Sie sollen über die Fische des Meeres, über die Vögel des Himmels, über das Vieh, über die ganze Erde und über alle Kriechtiere auf dem Land herrschen.

Gott schuf also den Menschen als sein Abbild. Als Mann und Frau schuf Er sie. Gott segnete sie und sprach zu ihnen: Bringt gute Frucht hervor und bevölkert die Erde. Macht euch die Fische des Meeres, die Vögel des Himmels und alle Tiere, die sich auf dem Land bewegen, zunutze.

Dann sprach Gott: Hiermit übergebe Ich euch alle Pflanzen auf der ganzen Erde, die Samen tragen. Ich übergebe euch alle Bäume mit samenhaltigen Früchten. Sie sollen euch als Nahrung dienen. Allen Tieren des Feldes, allen Vögeln des Himmels und jedem Geschöpf, das Lebensatem in sich hat, gebe ich alle grünen Pflanzen zur Nahrung.

Gott sah alles an, was Er gemacht hatte: Es war sehr gut. Es wurde Abend und es wurde Morgen: Dies war der sechste Tag. Am siebten Tag vollendete Gott das Werk, das Er geschaffen hatte, und Er ruhte am siebten Tag. Und Gott segnete den siebten Tag und erklärte ihn für heilig. Denn an ihm ruhte Gott, nachdem Er das ganze Werk der Schöpfung vollendet hatte.

2.Makkabäer 7,28
Ich bitte dich, mein Kind, schau dir den Himmel und die Erde an. Sieh alles, was es da gibt, und erkenne: Gott hat das alles aus dem Nichts erschaffen und so entstehen auch die Menschen.

Wann hast du dir das letzte Mal die Zeit genommen, Gottes Schöpfung zu betrachten und zu bewundern? Wenn du genau hinschaust, erkennst du die wahre Schönheit. Wann hast du zum letzten Mal einen wirklich schönen Sonnenaufgang bewundert?

Oder ist dir schon einmal aufgefallen, wie alle Blumen wieder zu grünen beginnen, wenn der Winter vorbei ist? Siehst du, dann wird es mal wieder Zeit.

Ijob 33,4
Gottes Geist hat mich erschaffen, der Atem des Allmächtigen hat mir das Leben gegeben.

Ijob 38,1-39
Da antwortete der Herr dem Ijob und sprach: Wer ist es, der den Ratschluss mit Gerede ohne Einsicht verdunkelt? Auf, gürte deine Lenden wie ein Mann: Ich will dich fragen, du belehre Mich! Wo warst du, als Ich die Erde gegründet habe? Sag es, wenn du Bescheid weißt.

Wer setzte ihre Maße? Du weißt es ja. Wer hat die Mess-schnur über ihr gespannt? Wohin sind ihre Pfeiler eingesenkt? Oder wer hat ihren Eckstein gelegt? Wer verschloss das Meer mit Toren, als es schäumend dem Mutterschoß entsprang?

Psalm 8,4-6
Sehe ich den Himmel, das Werk Deiner Hände, Mond und Sterne, die Du befestigt hast, dann frage ich mich: Was ist der Mensch, dass Du an ihn denkst. Du hast ihn nur ein wenig geringer gemacht als dich selbst, hast ihn mit Herrlichkeit und Ehre gekrönt.

Psalm 139,13
Denn Du hast meine Gefühle und Gedanken geschaffen, mich im Schoß meiner Mutter geformt.

Sprichwörter 8,22-23.27.30
Der Herr hat mich am Anfang Seiner Wege geschaffen, schon vor Seinem Wirken in der Urzeit. In frühster Zeit wurde ich gebildet, am Anfang, beim Ursprung der Erde. Als Er den Himmel baute, und als Er den Erdkreis über den Wassern abmaß, war ich dabei. Ich war Seine Freude Tag für Tag und spielte Musik vor Ihm allezeit.

Kohelet 12,1
Denk in deinen frühen Jahren an deinen Schöpfer, ehe die Tage der Krankheit kommen und die Jahre dich erreichen,

von denen du sagen wirst: Ich mag sie nicht!

Jesaja 40,28-29.31
Weißt du es nicht, hörst du es nicht? Der Herr ist ein ewiger Gott, der die weite Erde erschuf. Er wird nicht müde und matt, Seine Einsicht ist unergründlich.

Er gibt den Müden Kraft, dem Kraftlosen verleiht Er große Stärke. Die aber, die dem Herrn vertrauen, schöpfen neue Kraft, sie bekommen Flügel wie Adler.

Und wie du sicher weißt, sind Adler die Könige der Lüfte.

Sie laufen und werden nicht müde, sie gehen und werden nicht matt.

Jesaja 45,18
Denn so spricht der Herr, der den Himmel erschuf, Er ist der Gott, der die Erde geformt und gemacht hat.
Er ist es, der sie erhält, Er hat sie bewohnbar erschaffen: Ich bin der Herr und sonst niemand!

Jermia 10,12
Er aber hat die Erde durch Seine Kraft erschaffen. Er hat den Erdenkreis durch Seine Weisheit gegründet. Er hat durch Seine Einsicht den Himmel ausgespannt.

Apostelgeschichte 14,15-17
Wir bringen euch die gute Botschaft, damit ihr euch von diesen nichtsnutzigen Götzen zu dem lebendigen Gott bekehrt, der den Himmel, die Erde und das Meer geschaffen hat und alles, was dazugehört.

Er ließ in der Vergangenheit alle Völker ihre Wege gehen. Und doch hat Er sich euch zu erkennen gegeben:
Er tat Gutes, gab euch Regen vom Himmel her und fruchtbare Zeiten. Er erfüllte euer Herz mit Nahrung und Freude.

Apostelgeschichte 17,24-29
Gott, der die Welt und alles in ihr erschaffen hat, Er, der Herr über Himmel und Erde, wohnt nicht in Tempeln, die von Menschenhand

gemacht sind. Er lässt sich auch nicht von Menschen bedienen, als brauchte Er etwas.

Er, der allen das Leben, den Atem und alles gibt. Er hat aus einem einzigen Menschen die ganze Menschheit erschaffen, damit sie die ganze Erde bewohnen. Er hat für sie bestimmte Zeiten und die Grenzen ihrer Wohnsitze festgesetzt.

Sie sollten Gott suchen, ob sie Ihn ertasten und finden könnten. Denn jedem von uns ist Er nah. Denn in Ihm leben wir, bewegen wir uns und sind wir, wie auch
Einige von euren Dichtern gesagt haben: Wir sind von Seiner Art. Da wir also von Gottes Art sind, dürfen wir nicht meinen, das Göttliche sei wie ein goldenes oder silbernes oder steinernes Gebilde menschlicher Kunst und Erfindung.

1.Korinther 8,6
Wir allein haben nur einen Gott, den Vater. Von Ihm stammt alles und wir leben auf Ihn hin. Und einer ist der Herr: Jesus Christus. Durch Ihn ist alles, und wir sind durch Ihn.

Kolosser 1,16
Denn in Ihm wurde alles im Himmel und auf Erden erschaffen: Das Sichtbare und das Unsichtbare, Throne und Herrschaften, Mächte und Gewalten. Alles ist durch Ihn und von Ihm geschaffen.

Hebräer 11,3
Aufgrund des Glaubens erkennen wir, dass die Welt durch Gottes Wort erschaffen wurde und dass so aus Unsichtbarem das Sichtbare entstanden ist.

Offenbarung 4,11
Du bist würdig, Du, unser Herr und Gott, Herrlichkeit, Ehre und Macht zu empfangen. Denn Du bist es, der die Welt durch deinen Willen erschaffen hat.

Und habe ich dir zu viel versprochen? Er ist etwas ganz besonderes, oder? Jetzt kennst du einige Name von Gott und Seine Eigenschaften. Man muss sich einfach in Gott verlieben! Aber ich will dir keine Vorschriften machen, du entscheidest selbst, was du tun willst.

Wenn du dir noch unsicher bist, ob du eine innige Beziehung zu Gott eingehen willst, dann lies doch dieses Buch noch einmal. Vielleicht fällt dir beim zweiten Mal lesen etwas auf, was du vorher noch gar nicht gesehen hast.

Lese dieses Buch so oft du willst. Denn es braucht ein wenig Zeit, um das Gelesene vom Kopf ins Herz zu bekommen.

Ich habe dir nur eine Tür gezeigt, durchgehen musst du schon selbst. Also, ich hoffe, du entscheidest dich richtig. Dann bis zum nächsten Mal.

Quellenangaben
Die hier verwendeten Bibelverse stammen alle ausnahmslos aus der Einheitsübersetzung für das Alte und Neue Testament aus dem Verlag Herder in Freiburg.

Die genannten Gottesnamen stammen alle von der Webseite namengottes.icf.church von dem Schweizer Pastor Leo Bigger

Über die Autorin
Die Autorin Manuela Mossell studiert nun schon seit mehr als zwanzig Jahren die Bibel, was sie zu einer richtigen Expertin für Gott und Sein Wort macht.

Ihre berufliche Laufbahn hat Manuela Mossell wie Millionen andere auch als Teenager mit einer Ausbildung zur Fleischereifachverkäuferin begonnen. Nach erfolgreichem Abschluss hat sie viele Arbeiten in unterschiedlichen Branchen ausprobiert, um herauszufinden, was ihr wirklich liegt.

Zum Schreiben kam Manuela Mossell erst in ihren frühen dreisiger Jahren. Dann dauerte es noch mehrere Jahre, bis sie sich entschied, über Gott und die Bibel zu schreiben.